CONTRA LA DESPOBLACIÓN
(EUROPA EN LA ENCRUCIJADA)

Manuel Fernández Prieto

CONTRA LA DESPOBLACIÓN

(Europa en la encrucijada)

Manuel Fernández Prieto

bubok
EDITORIAL

ÍNDICE

Introducción

Estamos en el año de nuestro Señor 2017. Atrás quedaron los felices noventa tan celebrados en mi otro libro. Por medio ha venido la crisis del 2008 que tantísimo nos ha afectado. Esta crisis ha sido una especie de puntilla para el problema que voy a tratar en este libro. Como se desprende del título voy a hablarles de la despoblación del interior del país.

Todos los que vivimos en provincias y leemos prensa local sabemos de sobra sobre el tema, así que seré breve en esta introducción. Empezaré por plantear someramente el problema del que ustedes conocerán tanto, aunque sean urbanitas. El caso que no es problema baladí, yo lo considero de máxima prioridad. Y consiste en la crónica despoblación que presenta el interior del país, especialmente el ámbito rural.

Los que vivimos en provincias conocemos esos pueblos semivacíos en los que la población está envejecida sobrepasando casi todos los habitantes los 55 años. Y esas regiones, Galicia, Castilla y León, Asturias… en que la densidad de población ronda los 15 habitantes por kilómetro cuadrado frente a los 785 de una comunidad próspera como la madrileña. Por ello no creo que este libro interese en Madrid, pues los problemas tratados podrán parecerles ajenos a los madrileños que pudieran leerlo, pero sí a los que como yo viven en provincias, pues lo que hablo les resultará familiar.

¿Cuáles son las causas de la despoblación de nuestras tierras del interior? Bajo mi punto de vista dos principalmente propias y varias que son comunes a la problemática nacional. Las propias son la mecanización del campo y los bajos precios en origen. Todos hemos visto que un joven agricultor con un tractor y unas cuantas máquinas más realiza la cantidad de trabajo que en los años 40 del siglo pasado desarrollaban 20 personas o más. Todo este excedente de mano de obra produjo un éxodo hacia las ciudades de las zonas industriales y hacia el extranjero. Los pueblos y aldeas quedaron semivacíos pero el que quedaba llevaba una vida digna. Bilbao, Barcelona, Madrid, Alemania, Francia, Inglaterra, etc. acogían a estas masas humanas en busca de trabajo. El interior del país que vivía de la agricultura y de la ganadería y que no había sido industrializado quedó despoblado en los años 60 del siglo pasado ya.

Pero lo peor estaba por llegar pues si la gente que quedaba iba saliendo adelante y modernizaban sus explotaciones, tuvieron que enfrentarse desde la llegada de la democracia con el problema del estancamiento de los precios en origen. Desde que murió Franco continúan los mismos precios en los productos agrícolas y ganaderos. Solamente los que han logrado multiplicar la producción han sobrevivido a esto.

A esto se le unen los problemas que padece el país de la baja natalidad, crisis del 2008, elevados precios de los productos energéticos, etc., etc. Muchas explotaciones cierran y no se produce el relevo generacional, los jóvenes se niegan a producir a precio de coste y buscan cualquier trabajo en las capitales.

Resultado: aldeas vacías, pueblos semiabandonados, comarcas en decadencia…si a eso le sumamos el cierre de la escasa industria por la crisis el panorama es desolador. Resulta que en la pirámide de población de Zamora, por ejemplo, más de la mitad de los 180 000 habitantes actuales de la provincia son mayores de 50 años. Se perdieron 2000 habitantes solo el año pasado entre decesos y emigrantes. Pueden hacer ustedes sus cálculos y entender que de aquí en veinte años Zamora y las provincias en semejante situación no contarán con más que tres o cuatro poblaciones incluida la capital. Espeluznante perspectiva.

Dejemos los números por un momento para contarles una anécdota. Resulta que me metí en el Facebook de Pablo Iglesias y como iba sin ánimo de bronca pregunté cortésmente qué es lo que pensaba este partido hacer con respecto a este tema. Agárrense que vienen curvas. Se me contestó que si la gente no quiere vivir en estos sitios será por algo. Esto es trabajar para solucionar los problemas del país.

El caso es que mi amigo el podemita se quedó tan pancho. Y yo desolado. Por ello pasé dándole vueltas a la cabeza varios meses y decidí escribir este libro. Libro que debía haber escrito cinco años atrás pero que no llevé a cabo por comodidad personal de no meterme en líos. Líos que me vendrán en cuanto les comente las soluciones que yo creo convenientes pues varias organizaciones se mostrarán completamente en contra y alegarán que si Inglaterra puede vivir sin campesinos nosotros también.

Pero yo soy germanófilo porque me gusta un país en que los pueblos y aldeas están llenos de habitantes, y por ello sigo razonando. ¿Creen ustedes posible la unidad nacional estando el interior del país semidesértico? Con una Castilla vacía, ¿quién cohesionará las gentes del norte con las del sur, las del este con las del oeste?, ¿quedaría España reducida a Madrid en tal caso? No sé si me estoy explicando bien, pero a mí me parece que la amenaza que se deriva de este problema para la unidad del país es de máxima gravedad.

Es decir, ¿puede España subsistir con población solamente en Madrid, las costas y el valle del Guadalquivir? ¿Habría cohesión territorial?

Con ocasión de la crisis se ha planteado también otro problema. El éxodo del talento. Por si no fuese lo suficientemente sombrío el panorama, nuestros jóvenes mejor preparados se van también. Esto agrava el problema despoblacional hasta límites insospechados hace unos años. En fin, se acabaron las quejas. Creo que el problema queda lo suficientemente planteado y la gravedad de este palpablemente expuesta. Nuestro amigo el podemita se habrá enterado de cuál es ese «algo» por el que la gente se va. A ello le podemos adjuntar el abandono de las infraestructuras, el aumento de los robos, la escasez de mujeres, que no quedan, la falta de vida social...

Creo que parece como si los progres urbanitas ven en el campesinado un elemento reaccionario que hay que exterminar. Si no, no se explica la dejadez y cuasi persecución hacia el estamento rural. Y ahora que nuestros amigos del PP se han hecho socialdemócratas, lo mismo andan barruntando una especie de solución final. Bromas aparte, hoy en día la ayuda para quedarse en el campo es nula. Y los incentivos mínimos.

Miré los muros de la patria mía... y no vi lugar donde poner los ojos que no fuera recuerdo de la muerte... se puede decir al caminar entre las casas vacías y derruidas de Otero. Esta España en crisis no es caldo de cultivo para solucionar este problema. El problema solo se puede solucionar desde una España boyante. Por ello propondré más tarde las soluciones que creo necesarias para una reindustrialización del país, y por ende industrialización del interior. Pues creo firmemente que solo desde la abundancia se podrá repoblar el interior y por ello mis países de referencia serán Alemania y Japón. Otros pueden elegir las Venezuela, Cuba y Grecia de los supermercados vacíos.

Por ello quiero ser optimista y trato de abandonar las quejas. Quiero que compartan ustedes conmigo mis aventuras de adolescente en un pueblo en el que todavía quedaba gente joven. El sabor de la fruta cogida del árbol, el placer de ver crecer los verdes trigos, las risas de los viejos comentando nuestras trastadas, la alegría de una jornada de caza con galgos… y que todo eso siga ahí, para las generaciones venideras, en la realidad, y no contado en un libro.

Heroicos agricultores labran sus campos mientras saben que sus hijos si son brillantes en los estudios acabarán en el extranjero, y si no en Madrid, Barcelona o Bilbao. No cogerán la explotación para trabajar a precio de coste. ¿Para qué le sirve a Castilla y León un sistema educativo tan avanzado como el que tiene? Para que sus mejores jóvenes emigren al extranjero, parece ser. Por ello hay que reivindicar la figura del emprendedor y basar la recuperación del país en ello. Por eso hay que cambiar el modo de pensar del español.

Y por ello propondré una revolución pacífica y romántica. Abandonar nuestro modo de pensar *ancien régime* y entrar en la modernidad. ¿Que estoy mezclando churras con merinas? No creo. Es necesario que el español cambie su modo de pensar respecto al emprendedor, dar vía libre al talento de una vez. Solo una revolución en el pensamiento, acompañada de una mayoría absoluta en el congreso de los diputados de un movimiento nacionalista, puede conseguirlo. Que se deje de admirar al pillo y al ladrón y que se admire al productor y a quien persigue la excelencia. Para ello tiene cada uno que poner su grano de arena, los intelectuales en primer lugar. Incluyo en esta palabra a los medios de comunicación. El daño que ha hecho una serie como Curro Jiménez en la que se predica el ROBAR a los ricos para dárselo a los pobres ha sido letal. Nuestros socios europeos del norte ya se han hartado de subvencionar la no producción y nos dejan solos. ¿Con que se va a pagar el PER ahora? Pues con un sistema impositivo confiscatorio como el que ya existe en Andalucía, y me atrevería a decir en la Castilla socialdemócrata del PP.

Caen chuzos sobre mi cabeza pero sigo adelante. Catalanes y vascos se llenan la boca con la palabra nacionalismo y aquí no se puede ni pronunciar. Movimiento nacionalista. Sí. Es necesario elevar los espíritus con valores superiores en persecución de un proyecto sugestivo de vida en común. Salir del letargo para conseguir un país en el que reine la abundancia de nuestros socios europeos y no la escasez que trae consigo la ideología leninista. ¿Que qué tiene que ver un movimiento nacionalista con la abundancia? Ya lo iremos viendo según avanza el libro.

Y claro, una mayoría absoluta para poder llevar a cabo las REFORMAS necesarias que nuestros amigos peperos no se atrevieron a sacar adelante. Un gobierno capaz de conjugar la libertad de la economía de mercado con el arbitraje en los egoísmos humanos. Pues solo desde el cambio de mentalidad y desde la generosidad se podrá conseguir una España abundante capaz de la heroica tarea de repoblar el interior peninsular con los obreros de una industrialización del interior y con los campesinos que puedan llevar una existencia digna. La servidumbre de la gleba se supone que quedó abolida con la revolución francesa. Por eso el ejemplo son Alemania y Japón. Porque aunque hay síntomas de envejecimiento en la pirámide poblacional, sus pueblos y aldeas están llenos de habitantes.

¿Para qué le sirve a Castilla y León un sistema educativo excelente? Para que sus mejores hombres emigren al extranjero. Yo soy partidario de la excelencia, pero además es la hora de «echarle huevos a la cosa» y emprender. Y el empresario no puede ser un ladrón al que hay que robar. El empresario debe ser considerado socialmente como un perseguidor de la excelencia. Basta de ideología *ancien régime* en la que algunos temen el ascenso del talento en aras de una sociedad de estamentos clasistas estancados. Por ello es necesaria una revolución pacífica nacionalista. Para dar cancha al talento y al coraje.

¿Que eso ya lo tenemos con la democracia? Sí y no. Los años de aislamiento, de *shogunato* español, como yo lo llamo, han traído una serie de vicios que está costando erradicar como por ejemplo la corrupción galopante y la presunción de culpabilidad del productor y los emprendedores. Esto es así. Y ahora quieren algunos solucionarlo con modelos fracasados, con el leninismo podemita de los supermercados vacíos. No, solo un movimiento nacionalista puede lograrlo, porque es consciente del egoísmo humano y que hay que combatirlo desde el amor a la patria y la generosidad. Se han logrado algunas cosas, una red de infraestructuras bastante buena, pero por lo que se ve no es suficiente, pues el paro y la despoblación nos golpean crudamente.

Vuelvo del huerto, de regar mis sabrosas fresas. Fresas que saben a fresas. Aquellos sabores y olores que se perdieron… aquellos amigos que se fueron para no volver, aquellas lozanas hembras que hoy están en las zonas industriales, tanto se perdió y que solo se podrá recuperar desde un nuevo espíritu nacional, desde un optimismo combativo. Aquellas aulas rurales de más de cuarenta alumnos hoy en día tienen tres o cuatro solamente. Excelentes profesionales que salían de esas aulas ya no seguirán saliendo por falta de niños. Aquellos duros soldados que salían de las aldeas ya no rellenan las filas de nuestros gloriosos ejércitos y las vacantes se rellenan con extranjeros, con la que está cayendo, y con lo que nos ha enseñado la historia sobre ello. Vuelvo a repetir, esto es un problema humano y un problema político. La unidad nacional se ve afectada, la defensa, pues nuestros ni-nis urbanitas se declaran pacifistas, la formación de nuevos cuadros de profesionales mientras nuestras clases acomodadas degeneran en extractivas.

Y ahora les hablaré de mi comarca, de Benavente y los valles, a la despoblación que se sufría se le ha unido el desmantelamiento industrial por la crisis del 2008. De intentar sobrepasar los 20 000 se ha pasado a intentar evitar que Benavente no se baje de los 15 000. Las aldeas y pueblos se dan por perdidos de aquí a veinte años. ¿Es esto un proyecto sugestivo de vida en común? ¿Para qué quiere Madrid tantos habitantes? Vascos y catalanes se mofan de nuestro interior pobre y vacío. Nos desdeñan. Ya no le servimos para nada. Mejor volar solos dicen. Sacan leyes de desconexión. Y vuelvo a lo mismo, solo ofreciendo un país moderno y próspero podremos evitar las embestidas separatistas. Lo demás será retenerlos por obligación y no por convencimiento. Imaginemos una España industrializada y poblada. ¿Se querrían separar? Algunos recalcitrantes, pero la amplia mayoría no. No sé si me estoy explicando bien.

Nuestras mujeres solo tienen 1,3 hijos por lo que este problema nacional también afecta a la despoblación. Como considero de máxima importancia el tema de la natalidad, le dedicaré un capítulo más adelante a fuer de ser vilipendiado por las feministas radicales.

Los lobos bajan de la montaña, los bosques se llenan de malezas debido a la falta de ovejas que trisquen y dejen el suelo como un campo de golf, las lechuzas anidan en las casas caídas y los amigos de lo ajeno hacen su peculiar agosto. El interior de España, camino de convertirse en un enorme parque nacional para deleite de ecologistas y cazadores.

Digo todo esto para convencerles de la máxima importancia del problema. Propongo a cualquier partido en el gobierno la aprobación de un ministerio para la despoblación con medios materiales y humanos. Pues hay que empezar con todo ya, pues ya no es cuestión de días ni de meses, sino de horas el que la marea separatista arrecie. Y hay que empezar por expandir el nacionalismo, para que se puedan producir los cambios que propongo y propondré.

Y para recuperar un modo de vida que se pierde, esencia de españolidad. ¿Por qué quieren los alemanes pueblos poblados? Pues para conservar la esencia de lo alemán. Las costumbres, el folklore, las tradiciones orales y escritas… difíciles de conservar en ciudades invadidas por musulmanes. Damos pues de bruces con otro problema, la islamización. ¿Pueden unas ciudades llenas de mahometanos más un interior vacío impedir el devenir de España en otra nueva Al Andalus? No lo creo. Por ello es tan importante el tema de la natalidad, para las urbes y para el interior también.

Vienen las gentes de misa. Yo soy de entre los asistentes, 23 personas, el más joven de todos, con 50 tacos de vellón. Estos somos el problema nacional según los podemitas. Los cuatro católicos que quedamos. ¿Tan terrible es el enemigo? Vamos a ser serios, y dejarnos de quijotadas urbanitas. Y perdonen. Pero el enfoque de los problemas que se hace hoy en día no es real. Yo situaría el problema de la baja natalidad y la despoblación incluso al mismo nivel que el del paro. En Galicia ya son más los que cobran pensión que los trabajadores. Castilla y León, Asturias y Galicia son un desierto poblacional envejecido. Sumen a esto 20 años más y vean lo que se obtiene. Por ello considero urgentísima la revolución pacífica nacionalista y por ello escribo, aunque con ciertos temores, urgiéndola. No se trata de cortar cabezas, sino de una mayoría absoluta para el nacionalismo español. Para poder ser ambiciosos. Para reformar.

Pues los comerciantes de la zona no venden una escoba. Entre que no hay clientes y el poco dinero que tienen los pocos que hay la tarea es imposible. Parecía recuperarse la cosa pero enero y febrero han sido terribles otra vez. La chica del bar del pueblo se queja de que no sale nadie. Por cierto, a mi equipo, el Sevilla, lo han eliminado de la Champions. Vaya por Dios. Es que lo vi en el bar.

Ojalá me dé este libro algunas perrillas además de los disgustos que supongo que me daría si me lo publicasen. Para poner una plantación de frutales, para predicar con el ejemplo. He puesto varios frutales por el placer de comer fruta del árbol. Los observaré y el que mejor se haya adaptado al terruño será lo que elija para poner. O frutos secos, que son rentables. También me gustaría poner nogales pero con 50 tacos que tengo ya... Viene esto a cuento de que la tarea es de todos. No todo lo va a hacer el estado. TODOS tendremos que poner nuestro grano de arena y habrá que innovar y dejarse de perezas mentales. Tenemos que competir, además de emprender, y por ello nuestras universidades han de volver a ser las mejores. Y tenemos que aprovechar más el talento. Y trabajar menos horas, como en Alemania. Entramos así en el tema del horario laboral tan de moda. Solo unas palabras y el resto lo dejo para más adelante. Solo decir que a más horas trabajadas se producen rendimientos decrecientes, vamos, que a partir de cierto tiempo el trabajador lo que hace es calentar el sillón.

La primavera se presenta y los árboles brotan. ¿Podrá el árbol español brotar, florecer y producir generosa cosecha? No desde el rencor, no desde el odio, no desde el cortoplacismo. Hay que mirar más allá, vislumbrar un país poblado y trabajador. El espíritu neorromántico y revolucionario debe impregnar a todas las clases sociales. Los obreros deben ver en un movimiento nacional español lo que ven los obreros europeos y americanos en sus respectivos países. Esa ola debe llegar a España con vigor, no deslavazadamente, como nos ha pasado una y otra vez. Se acabó el shogunato. No nos dejemos desvariar por ideologías fracasadas tampoco. Y es que nuestros socios, en el ocaso de la socialdemocracia, se vuelven nacionalistas. Esa es la apuesta. No la perdamos otra vez. No podemos permitirnos ahora un shogunato podemita. Aislados de todos. Arremetiendo contra enemigos imaginarios a lomos de Rocinante mientras nuestros auténticos enemigos ven nuestra debilidad. Una Europa fuerte nacerá de naciones fuertes y España debe ser una de ellas. Se lo debemos a nuestros hijos. Se lo debemos a Isaac Peral, a de la Cierva, a Ramón y Cajal, a la generación del

98. Olvidemos las batallas de nuestros abuelos y miremos por los que vienen.

Que no se gasten más dinero y energías en batallas estériles. Y dejemos de arremeter contra nuestros socios. Todo para quien mire hacia delante. Nada para los que miren hacia atrás. El estado debe apostar por el emprendedor, por el innovador. Que no se pierda ni una gota de talento, que no inventemos el submarino por ejemplo y sean otros quienes saquen provecho. Que la envidia no eche abajo los sueños de los soñadores.

Ustedes dirán que estoy proponiendo quimeras. No. Solo pido que aprovechemos la ola como un buen surfista. Los USA, Francia, Alemania, el Este de Europa… Todos viran al nacionalismo, no nos quedemos aislados otra vez y démosle el poder a un movimiento patriótico y alegre. Dejémonos de plañideras. Que el romanticismo impregne nuestras almas y nos haga pensar distinto, que un gobierno legitimado por una gran mayoría acometa la tarea de rejuvenecimiento y renovación del país. Un gobierno consciente del egoísmo de los humanos pero impulsado por un espíritu generoso, henchido de amor patriótico. Árbitro en las disputas mezquinas y de vista corta. Con la mirada puesta en el horizonte.

Vuelvo a la tierra. Qué bien se está en las alturas. Intereses creados se horrorizarán con todo esto. Los iremos desvelando según avance el libro. Un aperitivo. ¿Pueden los productos españoles competir con unos precios energéticos tan elevados? No. Ni los industriales ni los agrícolas. Por eso el estado tendrá que arbitrar. Buscar energías baratas y mediar ante las grandes compañías.

Soy consciente de que la tarea es hercúlea, las oposiciones serán feroces, pero no veo otro camino que el que estoy comentando. Por eso es tan importante una mayoría absoluta. Por eso hay que soñar. Por eso nuestros cineastas, nuestros medios de comunicación, nuestros escritores, nuestros cantantes, etc., etc. deben sumarse a todo ello. Impulsar nuestros espíritus hacia las alturas. Blas de Lezo no tiene su película. Hágansela. Alabemos a nuestros héroes y dejemos de ridiculizar al español medio. El que nuestro héroe nacional sea Torrente y no James Bond es sintomático también. Hay que poner remedio a este estado de cosas.

En fin, después de tanta altura conviene un paseo por los verdes trigales. Los nogales, sin brotar todavía, se recortan sobre el horizonte. El tiempo es maravilloso porque marzo está mayeando, y me invade de nuevo la nostalgia y el recuerdo. Veo a poca gente en mi paseo y vuelvo a la realidad actual. A la despoblación. Aquellas correrías con las bicicletas, las excursiones a por moras, las meriendas en el monte… y no veo chavales en esos menesteres, porque no los hay. Así de sencillo, así de cruel.

¿Y en mi otro lugar de residencia? ¿Qué sucede en Sevilla? Allí, gracias a Dios, no hay problema de despoblación, pero el paro azota. Gracias al PER se ha conseguido fijar población en el campo pero en las ciudades mucha gente malvive. ¡Qué lejos quedan los felices noventa! ¿Es el PER la solución? Ya he comentado que no. Que está hartando a nuestros socios y que está conduciendo a la Administración hacia el expolio, de ricos y de clases medias también. En su momento hablaré más extensamente sobre ello. Ahora voy a recordar aquellas ferias abarrotadas de los noventa en Dos Hermanas y que ahora no acaban de remontar. Aquellos locales llenos de marchosos jóvenes que alternaban gastándose su dinero en los bares y no haciendo botellón. Aquella alegría de vivir de los años ochenta en Sevilla… ¿Qué es lo que pasó? Que en los noventa la gente se fue endeudando y haciendo pisos hasta que con la crisis del 2008 aquella burbuja especulativa explotó. Hoy los índices de paro de Sevilla y Cádiz son mareantes. Urge la industrialización también aquí.

¿Tiene usted una varita mágica para arreglar todo esto? Me preguntan con sorna ustedes en este momento. No. Pero las cosas hay que hacerlas bien y les propongo ejemplos de países que hacen las cosas bien. Uno es republicano hoy en día, Alemania, y yo también lo soy debido a mi pasado falangista. El otro, el Japón meiji, giró su nacionalismo en torno a la figura del emperador. Solo pido que cambie nuestra mentalidad, que creamos en nuestro país y que nos esforcemos en hacerlo mejor por las vías recorridas por otros países y no por vías fracasadas.

Por ello estos países tendrán sus respectivos capítulos y por ello dedicaré otro capítulo a proponer unas medidas que son las que propone cualquier partido nacionalista. Yo no me invento nada. Esto es por lo que apuestan los USA y Europa en estos momentos. Apostemos con ellos.

En fin, cae la tarde y cuando veo el sol ponerse en el horizonte vuelvo a pensar en el ocaso de la socialdemocracia. ¿Qué fue lo que falló? ¿Cómo se pasó de aquella maravillosa Sevilla de los 80 al desastre actual? Quizás en que a nuestros socialdemócratas, e incluyo aquí a los nuevos del PP, les vino una adoración por el DINERO mayor incluso que la de los ultraliberales. No sé, el caso es que hay otras cosas aparte del dinero, con toda la importancia que tiene, como la patria, Dios, la justicia… y las cosas se salieron de madre, como quien dice, y la crisis se está superando en todos sitios menos aquí, poniéndonos en peligro de caer en manos podemitas. Por eso ruego a los obreros el que miren hacia sus colegas de los países avanzados, y vean en quién o quienes confían estos. Y dejémonos de experimentos raros.

Volvamos a mi comarca, una sola gran fábrica que se pusiera la salvaría. Los pueblos de alrededor de esa gran fábrica se volverían a llenar de gente. Habría chiquillos de nuevo en las escuelas de los pueblos. Se volvería a oír la risa de estos. Los jóvenes inundarían las discotecas, volviéndose a repetir los eternos ritos del amor… ¿Por qué todo a Madrid? ¿A Bilbao y Barcelona? Desde luego que hay que completar las infraestructuras y renovar las caducas para que al emprendedor no le sea oneroso invertir en estas tierras. Luego viene el tema de los impuestos del que hablaré más adelante, pero… otro aperitivo, ¿para esto las autonomías? ¿Para que se pidan más impuestos aquí que en las zonas ricas? Esto es simple y llanamente demencial. ¿Quién va a invertir aquí o en Sevilla si pagamos más impuestos que en Madrid?

En fin, no quiero alterarme ni enrollarme más. Además voy a ir terminando esta introducción. Creo que ha quedado claro de qué quiero hablarles, y no sé si me he explicado bien sobre lo que propongo. Un movimiento nacionalista español que regenere, renueva y rejuvenezca España. Socio de los movimientos nacionalistas que están alcanzando el poder en Europa y en los USA un movimiento neorromántico, generoso y comprometido con su país. Que ponga freno a la corrupción, que apueste por el talento, que sea amigo de nuestros compañeros de civilización, que no se embarque en quijotadas. Que traiga abundancia y que la distribuya por todo el país y que evite la escasez inherente a ciertos sistemas que no comprenden el alma humana y que se enfrentan a molinos de viento en vez de a los verdaderos enemigos. Que apueste por la natalidad y por el poblamiento del interior.

España creó el submarino, el helicóptero, descubrió el sistema sanguíneo, así que no somos más tontos que los demás. Demos paso al talento de una vez, al emprendimiento y a la excelencia. Derrotemos las envidias. Desterremos los modos de pensar *ancien régime* y con ello a los pillos, a los que creen en una sociedad de castas, a los adoradores del dios Dinero. A la indolencia, al desánimo, a la pereza mental y física. Innovemos en nuestras fábricas y en nuestros campos. Y disfrutemos de la vida y de haber nacido en España trabajando menos horas pero mejor.

Y sobre todo acabemos con el paro y la despoblación. Que nuestros hijos hereden un gran país con sus costumbres y tradiciones en armonía con la modernidad. Que la inmigración sea un recurso y no una regla.

Hoy nuestras bravas mujeres han tenido la ocasión de divertirse y disfrutar con la actuación de un *boy*. Quiero decir que por medio de las comunicaciones los nuevos tiempos llegan a cualquier lugar. Que no teman nuestros «progres» urbanitas a nuestros campesinos reaccionarios. Que no es tan fiero el león como lo pintan. Que se les concedan a nuestros campesinos precios justos en origen que ayuden a evitar su exterminio. Y que los cuatro católicos que quedamos tampoco somos el problema. Los problemas son otros. La despoblación, el paro, la natalidad…

No confundamos los objetivos. Las peleas decimonónicas deben desterrarse. Un país como Japón ha sabido conjugar la tradición y la modernidad, mientras aquí seguimos dándole vueltas al tema de la laicidad. Y encima, para cuatro católicos que quedamos como ya he dicho. No, eso no tiene nada que ver con la modernización. Es una pelea que viene del siglo XIX. La modernización consiste en la industrialización. Consiste en dejar de ver en el empresario al enemigo. Católico o ateo, eso es cosa suya. Y coloquemos en máxima prioridad el problema de la natalidad, y el de reformar el estado.

Por que como nos demuestran nuestros deportistas, cuando queremos no hay quien nos pare, porque se lo debemos a las generaciones que vienen, y porque es lo mejor para nosotros, envitemos el futuro con arrojo y sin complejos. Como los alemanes del segundo *reich*, como los japoneses de la restauración meijí, como hacen hoy en día nuestros socios en Europa y en USA, escojamos un camino ancho y fresco, no angosturas ni nuevos shogunatos. La ola recorre Europa, subámonos a ella y demos lo mejor de nosotros. Devolvamos al país su grandeza y repoblemos las zonas vacías con españolitos orgullosos de serlo.

La natalidad

Es crucial dejar atrás la cifra de 1,3 hijos por mujer. Alcanzar el dos y pico hijos por mujer. Nos van muchas cosas en ello. Se me dirá que con el paro que tenemos está la cosa como para tener más hijos. Por ello propongo caminos que nos lleven a la abundancia. Para acometer luego esta tarea. Las feministas radicales vendrán con eso de que las mujeres no son máquinas de engendrar hijos pero los hijos los crían padres y madres y a todos se nos exige el esfuerzo.

Pero para ello hay que permeabilizar a la sociedad con la conciencia de que estamos ante un problema de primera magnitud, luego vendrán las campañas de publicidad y las ayudas. Antes, y nuestros intelectuales los primeros, se tiene que dar cuenta todo el mundo de lo que nos va en el envite. Por ello invitaría a nuestras amigas feministas a darse una vuelta por la calle Santa Clara de Zamora CAPITAL un día de diario por la mañana. Luego, a tomar unas cervecitas en la gran plaza y a la par hacer recuento de la media de edad del personal que hayan podido ver. Demasiado elevada, ¿verdad? Luego sumen 20 años a lo que han visto y calculen lo que nos espera. Y estoy hablando de la capital de la provincia. Así que ahora invitaría a nuestros urbanos podemitas a venir al bar del pueblo un domingo por la tarde y a repetir la misma operación. Con ello se darían cuenta de lo que nos estamos jugando. Por ello hay que ponerse manos a la obra ya en esa tarea de concienciación. No podemos esperar más. Y hay que traer la abundancia para que todos esos nuevos españolitos puedan prosperar. Esa misma abundancia nos dará los medios materiales para las campañas publicitarias de a por el segundo españolito o a por el tercer españolito incluso. Y los medios materiales para las subvenciones al tercer, cuarto y demás hijos. Pero la tarea de que la sociedad sepa lo que se está jugando debe empezar desde ahora. Porque rejuvenecer el país con emigración exclusivamente es algo así como un suicidio. Es lisa y llanamente entregar el país a los invasores, y volvemos al tema de la islamización del país y la conservación de nuestro modo de vida.

Pero el problema es tan de primera magnitud que yo diría que ese dinero para campañas y subvenciones debe salir ya de donde sea. Y no se me enfaden los sindicatos pero yo hasta diría, exagerando un poco como buen recriado en Sevilla que soy, que con preferencia a sanidad y educación incluso. Total, si nuestros mejores estudiantes acaban por emigrar al extranjero… mejor invertir en crear nuevos españolitos emprendedores. Esto es una exageración, vuelvo a repetir, para dejar constancia de la prioridad del problema, yo diría que tan importante como el paro. Y pido su reparación a cualquier gobierno que haya aunque mucho me temo que será tarea que dejen sin abordar.

Así pues, necesitamos rejuvenecer la población española, y repoblar. Con nuestros españolitos, que lleven en los genes nuestro modo de ver la vida, nuestras tradiciones y creencias. Para evitar conflictos de culturas, para que siga existiendo eso que llamamos España, ese país occidental...

Y repito por enésima vez, solo desde la abundancia se puede llevar esto a cabo. Y la abundancia solo la puede traer un rejuvenecimiento en los espíritus traído por un movimiento de corte nacionalista. Porque asistimos al ocaso de la socialdemocracia. Porque el PP, socialdemócrata también, solo pone parches. Y porque la escasez leninista no es solución ninguna.

Y porque nuestros compatriotas se merecen vivir en un gran país, industrializado y poblado.

Este capítulo va a ser breve, pero es el más importante. Si todo esto no se lleva a cabo, seguir leyendo el libro resultará ocioso. Esta tarea es crucial y me gustaría hacerlo comprender. Yo estoy soltero y sin hijos, pero si el libro me diese unas perrillas, intentaría ponerme a la tarea. Y dar ejemplo entre otras cosas.

Para que esas aulas vacías se llenen, para que esos pueblos vacíos se llenen también es necesario de nuevo la colaboración de todos, ellos y ellas, en elevar esa cifra del 1,3 ampliamente. Con generosidad, con alegría, sabiendo que se realiza algo transcendente y transcendental a la vez. Y vuelvo a repetir, la tarea de los medios de comunicación, de intelectuales y artistas es crucial en formar un estado de pensamiento favorable al nacimiento de niños.

Y con ello llegamos al tema del aborto y a toparnos de nuevo con las feministas. Yo, como católico, no puedo aceptarlo en mi vida privada. ¿Y el estado? Solo decir que una legislación laxa del aborto va contra la natalidad evidentemente. En lo demás que se pongan de acuerdo los políticos y los obispos. Yo no pienso argumentar porque para un no creyente todo lo que argumente en este tema le resbalaría. Eso sí, me parece que el dejar abortar a una niña de 16 años sin el consentimiento de los padres es una barbaridad.

Resumiendo, tres tareas se imponen en este campo. La concienciación social por parte de los intelectuales, las campañas publicitarias y las ayudas para el tercer, cuarto hijo y demás. Así todos quedaríamos imbuidos de ese espíritu de superación necesario para conseguir el objetivo. Pues es necesario abandonar la comodidad.

Espero haberme sabido explicar, que la razón se imponga y que las resistencias a estas soluciones sean mínimas, pues nos va mucho en ello. La crónica emigración desde el descubrimiento de América nos ha dejado el país vacío, como un caparazón vacío por dentro y que puede hundirse al primer envite. César Vidal ha dicho que este año Cataluña será independiente. Ojalá se equivoque y se pueda ofrecer a los disidentes vascos y catalanes un país próspero y poblado. Hay que ponerse a ello ya.

Alemania

Es mi referente este país con un doscientos y pico de densidad de población en las zonas menos pobladas. Imaginen el cuadro. Pueblos y aldeas llenos de vecinos mantienen sus costumbres, folklore y tradiciones, salvaguardando así las esencias alemanas. Esos prados como campos de golf, esas granjas productivas, todos las vemos en las películas un tanto ñoñas de por la tarde. ¿Por qué no querer eso para nuestro país?

Todo ello es posible gracias a un país industrializado y ecuánimemente distribuido, con la eficacia que les caracteriza cuando se ponen a algo. A unas comunicaciones e infraestructuras ejemplares. Vamos a ver cómo han llegado hasta aquí, pues el camino no ha sido fácil.

Es ejemplo este país también en la superación de las adversidades y el no conformarse en la indolencia. Varias dolorosas pruebas han sufrido y han salido de ellas con vigor y energías renovadas.

Retrocedamos a las guerras de religión entre católicos y protestantes. Como hemos visto en la serie *Las aventuras de Simplicius Simplicisimus*, el país quedó devastado y sus campos desiertos y sin cultivar. Se recuperó el país económicamente del desastre con la energía que muestra desde el Renacimiento, aunque no políticamente, pues quedó dividido en multitud de territorios, reinos y principados. El campo se volvió a poblar de alemanes y las ciudades volvieron a ser prósperas, y así pasaron años e incluso siglos hasta que las ideas de la Francia revolucionaria llegaron por medio de la ósmosis y de la presencia de los ejércitos napoleónicos. Esto produjo un cambio de mentalidad en las gentes y se produjo un movimiento cultural, el Romanticismo, que llenó de fervor patriótico los espíritus de las gentes, sublimándolos en aras de la consecución de un objetivo, la Gran Alemania. Todo este caldo de cultivo produjo un gran líder, Bismarck, que consiguió con su genio político y su siempre sabia persecución de lo posible, la unificación del país.

Pero un país en el que todos los ciudadanos estaban comprometidos en la aventura y adoptando también las ideas de la Revolución Industrial consiguió convertirse en la primera potencia industrial de Europa. Dos revoluciones asumidas por el simple cambio de mentalidad de las gentes, sin cortar cabezas y alrededor de la figura del emperador Guillermo.

Con el devenir de los años esta Alemania fuerte, populosa e industrial se vio arrastrada a la Primera Guerra mundial y solamente gracias a la intervención de los USA en su contra fue derrotada. Vinieron años de humillación y precariedad. Las sanciones impuestas por el Tratado de Versalles eran enormes y el país no salía del marasmo. A ello se le sumó la Gran Depresión de 1929 y el paro y el hambre se extendieron por el país. Alemania escogió para salir del atolladero el camino del nacionalismo exacerbado de Adolf Hitler y su economía belicista. Y otra vez el país se recompuso dando lugar al III Reich. De la ideología nacional socialista todos renegamos hoy pues sabemos a qué excesos condujo, pero hay que reconocer que hicieron falta cuatro grandes imperios para frenar a Hitler. El americano, el inglés, el francés y el ruso, con todas sus enormes reservas de hombres y materiales que conllevan. Un nacionalismo exacerbado que degeneró en aberraciones pero con una enorme fuerza motora para el país.

Otra vez vinieron la devastación y la ruina a posarse sobre Alemania con la derrota en la guerra. El país quedó completamente en desechos. A ello se le sumó la división política en una mitad occidental y una mitad oriental. La mitad occidental de economía capitalista volvió a renacer, económicamente hablando, con inusitado vigor. El país se reconstruyó convirtiéndose en una de las potencias económicas del continente gracias a la abnegación de sus gentes, siempre dispuestas a servir al país. Con el paso de los años tuvo esta mitad occidental que enfrentarse a otro gran reto, la absorción de la mitad oriental del país, de economía comunista, atascada y desfasada. Y lo hicieron exitosamente, dando lugar de nuevo a la primera potencia económica de Europa, convirtiéndose en ese país poblado y productivo del que hablaba al comienzo del capítulo.

Viene todo ello a cuento para poder darnos cuenta del poder del nacionalismo en la elevación de los espíritus en aras de un bien común. Un nacionalismo bien entendido y que no lleve a excesos. Ese Romanticismo alemán imbuyó en sus gentes el ideal del servicio a la patria, con los resultados que ahora exponemos. No solo el egoísmo humano produjo los sucesivos milagros alemanes, sino algo mucho más sublime fue necesario para que se produjeran. Y por ello los pueblos hoy en día, hartos de un materialismo vacío, vuelven sus ojos hacia el nacionalismo.

Y por ello España debe mirarse en este espejo, y vislumbrar un país en el que la producción industrial se distribuya equitativamente por todos sus territorios. Y no mandar más industrias a Vascongadas y Cataluña pues se ensoberbian y nunca están contentos además. Ni a Madrid pues ya tiene bastantes. Pero para ello tienen que cambiar muchas condiciones.

Y así repoblar el interior del país, que sus pueblos llenos puedan mantener las costumbres, folklore y tradiciones que se están perdiendo sin remedio. Quizás no se pueda llegar a esos doscientos y pico habitantes por kilómetro cuadrado de las zonas menos pobladas de Alemania pero algo se puede hacer.

Así y todo la pirámide poblacional alemana está envejeciendo. Algunos intentan solucionar esto con más inmigración, como la señora Merkel, y a esto han respondido los alemanes con el auge de AfD que pide unas soluciones próximas a lo que yo propongo. Sabemos que una inmigración masiva y descontrolada no conducirá más que al choque de culturas y al aumento de la delincuencia. Por ello es necesario también un movimiento nacionalista en España.

Pero de todo esto lo importante es el espíritu. Espíritu lleno de ideales es lo que necesita España en estos momentos turbios. Espíritu que lleve a buscar un horizonte de grandeza para el país, para salir de la atonía y la mediocridad.

Actualmente el país alemán es una república. A mí me gustaría también que España lo fuese. Así sería más fácil el erradicar algunos vicios *ancien régime*. Pero no lo considero prioritario, pues también el nacionalismo puede girar en torno a alguna figura suprema como en Japón. Por ello en el capítulo de España le dedicaré más amplitud al tema, cuando hayamos visto estas dos formas de nacionalismo. De todas formas considero el sistema republicano más moderno y eficaz aunque todo depende de lo que se haga con él.

Un amigo me cuenta que tiene un familiar en Alemania que vivía en una zona que se estaba despoblando. Inmediatamente los alemanes trasladaron una factoría de la Wolkswagen de otro lugar a este con problemas. 20 000 nuevos trabajadores alemanes vinieron a poblar esta zona. ¡Qué envidia, Señor! Vale este ejemplo más que mil tratados sobre la despoblación. Y que los agricultores alemanes cobran precios justos en origen para abastecer los mercados de sus ciudades. Aquí se trae todo más barato y de peor calidad. La calidad, esa es la apuesta también. Ahí sí que nos darían clases los agricultores franceses. Pero los españoles hicieron un esfuerzo para modernizar las explotaciones y los precios bajos y las energías altas han arruinado todas las ilusiones.

Hay que tener en cuenta el último gran logro alemán. La absorción de un este atrasado y de economía anquilosada. Hoy en día el país es homogéneo otra vez. Se dedicaron ingentes cantidades de dinero y esfuerzo para elevar el nivel de vida de la otra mitad del país. Y lo han conseguido, y en pocos años además. ¿No debería ser esto un acicate para nosotros? ¿Para industrializar este interior yermo? ¿Y a esa Andalucía poblada pero en paro crónico? Hay que desviar recursos a este objetivo, y no malgastar más un dinero escaso y precioso. Cuando la junta de Andalucía subvenciona proyectos en Marruecos me dan ganas de llorar. ¿Es que no hay problemas aquí? El expolio que sufrimos y encima para estas cosas, ni que nos sobrara el dinero…

Doctores tiene la Iglesia, pero que la alternativa al ocaso socialdemócrata puedan ser los podemitas… En fin, confiemos en que la cordura vuelva al pueblo español y que nos dejemos de experimentos fracasados. ¿Hay un solo lugar en que el comunismo haya logrado algo más que tragedias? ¿China? Ya veremos que no.

En fin, un país adelantado científica y tecnológicamente ha sido el logro del nacionalismo romántico alemán. Para ello es necesario la excelencia universitaria. Y también el emprender. Pero ¿trabajan más que nosotros los alemanes? Pues resulta que no, saben que a un cierto número de horas trabajadas empiezan a producirse rendimientos decrecientes en el trabajo y tratan que sus gentes sean felices, que disfruten del país y de sus familias, por medio de la conciliación laboral. Y a esto se le llama conciliación laboral o racionalización de las horas de trabajo. Eficiencia y productividad en definitiva. ¿Y cómo se consiguen? Pues dando salida al talento. Que los más brillantes y talentosos, oh, cómo rechinan estas palabras en los oídos de la España neocomunista, sean reconocidos socialmente y tengan en las manos los medios para desarrollar todas sus capacidades. No hay otra salida. Hay que abandonar los modos de pensar *ancien régime* y los igualitaristas. Hay que reconocer a los mejores y aceptar las personalidades excepcionales. Que los Marios Condes, Ruiz Mateos de su primera etapa, Baltasares Garzones, aunque sea de izquierdas, los Amancios Ortegas, los Pizarros, etc., etc. tengan su sitio y no que sean perseguidos o atracados.

Este tema del talento es de máxima importancia. Tenemos que inventamos el submarino y entre desprecios, risas y recelos dejamos que sean otros los que lo desarrollen y aprovechen. Qué diferencia con esos Reyes Católicos que recibían a Colón y le proporcionaban los medios para llevar a cabo su empresa. Aunque el Gran Capitán no diría lo mismo que Cristóbal Colón… Y con el tema del Gran Capitán, ya tenemos ahí los típicos recelos españoles y *ancien régime* contra las personalidades excepcionales. La ingratitud. Los celos. Las envidias.

Por ello tenemos que volver a conseguir la excelencia en las universidades, alentar a nuestros emprendedores y que nuestro talento, que tanto nos cuesta producir, no se nos vaya a Alemania y se nos quede en España. Para ello es esencial la buena relación de las empresas con la universidad, y que se destine mucho más a I+D. ¿Cómo? Pues recortando de gastos improductivos como las embajadas autonómicas o las memorias históricas. Y que el dinero esté en manos de los emprendedores bajando los impuestos.

Vemos a nuestros amigos alemanes trabajando menos y produciendo más. ¿Son más inteligentes? No, ya hemos visto que nosotros somos capaces de inventar también. ¿Son más listos? Sí, porque saben darle salida al talento y a la inteligencia y al coraje. Y esto es tan esencial como el tema de la natalidad. Máxima prioridad.

En fin, volvamos a los pueblos alemanes, con sus precios justos en origen, con sus fábricas, con sus comunicaciones e infraestructuras… ¿Tan traumático sería desviar empresas de Madrid, Barcelona y Bilbao a nuestro vacío interior o al valle del Guadalquivir, provisto de un paro endémico? Por supuesto. Las resistencias de los nacionalistas vascos y catalanes serán feroces, y las de ciertas capas del *stablishment* madrileño también. Por ello es necesario un movimiento nacionalista español que mire por el interés general. Y hacer las cosas como se hacen en Alemania. Mirando por el bien de todos. Y si hay que trasladar empresas que se haga. Pese a todas las resistencias posibles. Basta ya de ingratitudes. Pero para esto hay que tener un respaldo social y parlamentario fortísimo.

Y un pueblo consciente de la tarea. Preocupado por la innovación y el emprendimiento y no aletargado y vuelto contra sí mismo en interminables querellas. Que nuestro romanticismo español produzca un Wagner, un Goethe, un Schiller... y un Bismarck, ¿por qué no? Pero lo esencial no es el liderazgo, sino el movimiento general hacia altas metas.

Alemania es el motor de Europa, el país más rico en estos momentos. No estoy proponiendo la meta de alcanzarlos, pero sí el que se hagan cosas que nos saquen de esta parálisis. Teníamos nuestras marcas de motos, de camiones, de coches... ¿Dónde están? ¿Por qué este desmantelamiento industrial? Como dijo Manuel Fraga, nos hemos convertido en un país de servicios. ¿Es esto suficiente? Ya vemos que no. Es necesaria la reindustrialización. Promovida por el estado y llevada a cabo por los españolitos de a pie. Hay que alemanizar España en el sentido más positivo de la palabra.

Y termino el capítulo, resumiendo, la necesidad de ese cambio de mentalidad mediante una revolución pacífica en los espíritus y en los hechos. Como la de los alemanes del segundo *reich*, en aras de elevar nuestro punto de mira hacia metas más elevadas. Entre ellas, tener unos pueblos poblados y dinámicos que salgan de la emulación hacia la abundancia de nuestros socios y vecinos.

Japón

Pues por fin voy a explicar esa palabra que me han oído pronunciar varias veces: el shogunato.

Nos encontramos en el siglo XII a un Japón dividido en señoríos feudales que se hacían la guerra entre sí, bajo el poder de una dinastía meiji a la que no hacían mucho caso. En el ejército un hombre de origen humilde, Ideyoshu, a base de su brillante talento logra hacerse con el mando del ejército y vence a todos los señores feudales unificando el país bajo el poder teórico del emperador pero que era ejercido por la familia de Ideyoshu durante varias generaciones. Así pues este hombre y su hijo Iyeshu instauraron el shogunato o gobierno de los militares durante varias generaciones hasta mediados del siglo XIX. Este régimen trajo en un principio la paz y la prosperidad al país con la unificación, pero con el paso de los siglos el régimen fue evolucionando negativamente al adoptar una postura aislacionista del Japón respecto al resto del mundo. La vida transcurría plácida en el shogunato hasta que llegaron los occidentales con su superioridad técnica y nuestros japos se dieron cuenta de que estaban retrasados económicamente y tecnológicamente respecto a los visitantes-invasores.

Y así surgió un nacionalismo japonés que reinstaurando a la dinastía meiji se dispuso a ponerse a la altura de los visitantes. Los jóvenes japoneses insuflados de un espíritu patriótico iban a estudiar al extranjero y volvían al país a poner todo lo aprendido a disposición del emperador. En pocos años este movimiento nacionalista restaurador logró la industrialización del país y se pusieron al mismo nivel científico y tecnológico que los extranjeros que invadían china en esos momentos. Desde 1868, año de la restauración, se produjo la occidentalización del país, pero siempre con respeto a sus tradiciones, y ya en la guerra ruso-japonesa demostraron al mundo que el objetivo se había cumplido.

Luego en la Segunda Guerra Mundial combatió contra los imperios americano e inglés, perdiendo la guerra debido a la explosión de dos bombas atómicas en su territorio por parte de los americanos, demostrando al mundo así que se había enfrentado en pie de igualdad con las potencias occidentales.

Todo ello sin renegar nunca de sus tradiciones, así que quien diga que para modernizar España hay que acabar con los católicos, yo le digo que no. Que se pueden conjugar tradición y modernidad perfectamente como ha hecho el Japón meiji.

Luego de la guerra y gracias a la benevolencia americana, el Japón siguió desarrollándose, industrializándose y tecnificándose, hasta convertirse en la tercera potencia económica mundial. En un régimen democrático capitalista bajo la supremacía teórica del emperador el cual no fue derrocado. Sus productos tecnológicos son punteros y llegan a todos los rincones del mundo junto con los alemanes.

Si nosotros tenemos problemas de despoblación, este no es el suyo, pues tienen una densidad de población de 340 habitantes por kilómetro cuadrado. Sí es cierto que su pirámide poblacional está envejeciendo pero hasta el momento no ha admitido emigrantes. Esas masas humanas se formaron durante el crecimiento del XIX y del XX. 128 millones de habitantes son en total repartidos por las islas que componen el archipiélago japonés. Solo 5 millones se dedican a la agricultura. Es el país en superficie algo más pequeño que Alemania, no mucho, y con tanta población la escasez de suelo es crónica. Con tantos habitantes no hay lugar para la despoblación a pesar de que las grandes ciudades absorben un gran número de japoneses.

Como hay poco suelo cultivable, pues las islas son de rocas, importan muchas materias primas del exterior. Con su industria las transforman, las que no son alimenticias, y son punteros en robótica. Son un país eficiente y moderno nacido del nacionalismo restaurador. Los japos se pusieron a servir a su emperador con fe y entusiasmo inusitados y en unas décadas occidentalizaron el país sin renunciar a la tradición.

Y este es el punto clave del capítulo. La enseñanza. Dejémonos de discutir que si galgos o podencos, si religión o laicismo, y modernicemos el país sirviendo a España. ¿Es la figura del rey lo suficientemente carismática para que la revolución nacionalista gire en torno a él? Esto lo dejo para otro capítulo. Según preferencias.

Lo que es indudable es la efectividad de esa motivación que llevó a nuestros japos a igualar y a superar en muchas cosas la tecnología y la ciencia occidental. Y vuelvo a repetir, sin perder su esencia y tradición. Por ello también son espejo en el que reflejarse. Nuestras universidades tienen que competir con las suyas, dejémonos de botellones.

Tienen actualmente el problema que tiene España. 1,3 hijos por mujer. La población, muy longeva, está envejeciendo, aunque de momento no admiten emigración. Todos son japoneses. Los 128 millones (48 millones más que Alemania).

En eso son ejemplo de transmitir la esencia del país a los que vienen. El sintoísmo se sigue practicando de generación en generación. Al mismo tiempo su robótica es la más moderna. Cogieron lo mejor de occidente sabiendo guardarse lo mejor de ellos. ¿No podemos nosotros hacer lo mismo? No es que nos vayamos a poner de la noche a la mañana a su nivel pero como ya dije con el caso alemán, se pueden hacer cosas.

Y conseguir un país industrializado y poblado. Con bajos impuestos como son los que tienen ellos. Esto es muy importante. Consideran que el dinero debe estar en manos de los espíritus creadores y por ello los impuestos son bajísimos. Todo para quien contribuye al bienestar del país, y esto es un verdadero bienestar porque apenas hay paro.

En fin, para qué seguir hablando, pues la envidia me corroe. Ese sentimiento de amor al país, de servir a su patria, que ha logrado tan altas cimas… Acabando con el feudalismo, dejando paso al talento y a la valía personal, modernizando el país en tan solo unas décadas. Vecinos de la China comunista y con apenas comunistas en el país. No es extraño que Dragó se vaya a vivir allí largas temporadas. Hoy en día son una democracia y el emperador tiene menos poder, pero siguen sirviendo a su país con entrega absoluta, la cual no la comprendemos aquí. En vísperas de la Segunda Guerra Mundial el estamento militar reforzó su poder pero esto pasó con la derrota. Después siguieron innovando hasta convertirse en la tercera potencia económica mundial.

Ojalá todo nuestro talento que ha emigrado volviera y pusiese el conocimiento adquirido al servicio del país. Qué maravilloso sería y qué práctico. Igual que sus kimonos conviven con sus robots, nuestros trajes regionales convivirían con las nuevas tecnologías. No hay por qué perder nuestras jotas ni nuestro flamenco con una modernización, más bien esta evitaría que mucho folklore no se perdiese.

Y es el segundo país con la menor tasa de homicidios… Es decir, es un país seguro. Señal de que nuestros japos son felices viviendo en su amada patria. Todo lo que tienen que temer son los terremotos. Parece que estoy describiendo una arcadia pero la verdad es que se le parece. Todas las comodidades de la modernidad manteniendo su espíritu. Imaginen una España sin paro, sin delincuencia, con nuestra tortilla de patatas, con nuestros toros, con nuestros bailes. En fin… el paraíso.

Voy a acabar ya, exhortando a nuestros jóvenes a perseguir la excelencia en aras de la modernización del país, como los jóvenes japoneses de la restauración meiji que aprendan dentro y fuera del país todo lo que es necesario para desarrollar nuestra amada España al nivel que se merece. Y emprendamos, y con bajos impuestos más y mejor.

España

Voy a hacer un relato de las oportunidades perdidas. De cómo España se encerró en sí misma, creyendo que el oro y la plata de América serían eternos, y se configuró su propio shogunato en el peor sentido del término. Quien quiera una historia general que mire un tratado que los hay muy buenos.

Ya en el Renacimiento con la Inquisición recelando de las nuevas ideas se dan atisbos de lo que vendría después. Ya el Gran Capitán muere preso de la melancolía en su retiro de Granada. Pero nuestro país estaba abierto todavía a lo que venía de más allá de los pirineos sabiéndose una parte de la cristiandad. El problema empezó con la reforma luterana, más bien con la contrarreforma española, y con el oro y plata que llegaban de América en ingentes cantidades. Nos acostumbramos a vivir de las rentas y a no innovar, a la vez que el país se encerraba en sí mismo receloso de las ideas que recorrían Europa.

Yo soy católico, aunque un poco protestante de protestar, eso no quita en ver en la contrarreforma un principio de shogunización del país, al que algo de esa Reforma, no toda, no le hubiese venido malamente. Aquí tenemos la primera oportunidad perdida.

Los recelos contrarreformistas nos hicieron perder luego tres revoluciones seguidas, la Ilustración, la Revolución Francesa y la Revolución Industrial. Era más cómodo esperar los cargamentos de plata del potosí que ponerse a emprender e innovar. Además la Inquisición y sectores ultramontanos de la Iglesia veían todos estos movimientos con reservas. Mientras Alemania por ósmosis se impregnaba de los nuevos ideales, aquí la nobleza, el clero y la Corona mantenían su cortijo aislado, contentos con las rentas que venían allende los mares. Otras tres oportunidades perdidas. Y también se perdieron las colonias.

Y perdimos la cuarta, un movimiento romántico nacionalista que uniese a la nación en aras de un ideal no llegó a España, que siguió bajo el yugo de los poderes fácticos y bajo la depresión de la perdida de las colonias.

Más tarde, tras unos años de tranquilidad y relativa bonanza, salvo que se perdieron las últimas colonias, mientras los países avanzados optaban por la democracia burguesa, aquí se debatía que si nacional-catolicismo o comunismo. Ganó el primero y nos tocó una prolongación del shogunato debido a la alianza de este con las potencias perdedoras de la Segunda Guerra Mundial.

Los vicios de un *ancien régime* nunca depuesto en España arruinaron los años de monarquía parlamentaria con una corrupción galopante y persecución de grandes empresarios y figuras de la vida pública. Los dineros de Bruselas nos hicieron creer en una aparente prosperidad hasta que la burbuja estalló y todos los vicios quedaron al aire.

Hoy en día vascos y catalanes tratan de independizarse entre un PP que tiene pánico a las grandes decisiones y una socialdemocracia en ocaso como en el resto de Europa.

Y se vislumbra en el horizonte que quien puede sustituir a la agonizante socialdemocracia son los neocomunistas de Podemos. Mientras Europa y los USA giran hacia el nacionalismo. ¿Se vislumbra otro shogunato? ¿Otra oportunidad perdida?

Se nos dice que estamos saliendo del bache, ojalá sea así, pero los comerciantes me comentan que enero y febrero han sido muy malos. Voy a hacer una lista de los principales problemas que asolan la nación.

El primero es el paro, que con la crisis del 2008 alcanzó picos terribles y aunque a base de contratos temporales se van mejorando los porcentajes no se vislumbra sensación de bienestar nuevamente. Ojalá, vuelvo a repetir, que el Gobierno esté en lo cierto y la recuperación, aunque lenta, sea segura.

El segundo es la actitud de los separatistas, que viendo la debilidad de España, están decidiéndose a jugar el todo por el todo, especialmente en Cataluña.

El tercero es el expolio al ciudadano mediante los altos impuestos y los altos precios de las energías. El sistema impositivo está deviniendo en confiscatorio con casos especialmente graves como el impuesto de sucesiones en Andalucía.

El cuarto es el tema que estamos tratando en el libro: baja natalidad, despoblación y como en todo Occidente, envejecimiento de la pirámide poblacional, que lleva a querer solucionarlo por medio de la inmigración, a lo que somos contrarios una mayoría.

El quinto es la corrupción galopante, vicio que arrastramos de las mentalidades *ancien régime*, robar a los pobres para dárselo a los ricos y de la mentalidad Curro Jiménez, robar a los ricos para dárselo a los pobres. Al final el que es expoliado es el ciudadano de clase media por todos los sitios.

Y sexto el terrorismo islámico, con la amenaza directa de los grupos terroristas islamistas de querer reconquistar el Al-Andalus. Es decir, España.

En fin, demasiados problemas para decir que España va bien. A estos se le puede sumar la delincuencia alta, especialmente en el campo, la corrupción de la justicia, otro vicio *ancien régime*, la amenaza podemita, increíble en el tiempo en que estamos, las malas relaciones con los USA que arrastramos desde el ínclito Zapatero, el guerracivilismo en la sociedad con un recrudecimiento del laicismo radical, la proliferación de ni-nis, el desarme de nuestro ejército, etc., etc.

¿Se pueden arreglar tan graves problemas desde un PP con problemas de identidad o desde una socialdemocracia agonizante en todas partes? En cuanto a la solución neoleninista podemita mejor dejarlo. No, solo desde un movimiento de masas alegre y generoso se puede empezar a actuar. Una revolución romántica nacionalista. Que tenga claro los objetivos de:

Rebajar la tasa de paro mediante la consecución de la abundancia. Para ello dedicaré un capítulo entero.

Desarticular el separatismo. Fortaleza ante los desafíos y proposición de un proyecto sugestivo de vida en común.

Acabar con el expolio al ciudadano bajando los impuestos y si tienen que desaparecer alguna o todas las autonomías hacerlo.

En cuanto a la natalidad, despoblamiento y envejecimiento de la población, ya he escrito el capítulo dedicado a la natalidad y seguiré hablando de lo demás en el capítulo de medidas a proponer.

Para acabar con la corrupción se proclamará una lucha implacable contra ella desde la policía, la judicatura y el parlamento. Este es un vicio enquistado en nuestra sociedad y se necesita de una mayoría fuerte para poder llevar a cabo la acción oportuna.

Se dotará de medios a la policía para luchar contra el terrorismo islámico y se fortalecerá el ejército para hacer frente a las amenazas exteriores. Mediante el aumento de la natalidad se intentará frenar la inmigración islámica. En todo caso esta será regulada y se aplicará la doctrina Trump en mayor o menor medida.

Se combatirá la delincuencia dotando de medios a la policía, pero como hemos visto en Japón un verdadero bienestar social sería la mejor de las medidas. Se reformará la justicia y se tratarán de erradicar los vicios *ancien régime*. Con la abundancia se erradicaría todo peligro comunista. Se promoverán las buenas relaciones con nuestros aliados, se le darán oportunidades a nuestros jóvenes para que no anden haraganeando y de botellón, se dotarán de presupuestos racionales nuestras fuerzas armadas, etc., etc.

No es que de la noche a la mañana nos vayamos a convertir en un nuevo Japón o en una nueva Alemania, pero se pueden ir haciendo cosillas poco a poco… pues este es el plan para España de un movimiento que necesita de un fuerte respaldo social para llevarlo a cabo.

E ir en armonía con nuestros socios de civilización. Una España fuerte que aporte y que no estorbe. Por una vez en consonancia con nuestros vecinos. Que deje atrás los shogunatos para promover el desarrollo científico y tecnológico. Como ya he dicho, se han hecho con la democracia cosas muy buenas en tema de infraestructuras. Completémoslas para que sirvan de base a nuestro proyecto reformador. A unas regiones en las que los impuestos sean más bajos que en Madrid, Barcelona y Bilbao. Para atraer las industrias y las fábricas, y para animar a nuestros sufridos emprendedores. Todo para conseguir la abundancia, y con ella la repoblación del interior y el bienestar, el verdadero, en todos sitios.

A estas alturas del libro creo que se va vislumbrando claramente lo que quiero para mi país. Y también lo que no quiero. Y también se van vislumbrando los medios para alcanzarlo, los cuales expondré ordenadamente en el capítulo de medidas a adoptar. Esa Nación que una vez conquistó el mundo se merece algo más que el letargo y la apatía, que las burbujas especulativas que explotan en amargo desengaño.

Pero estas medidas que se proponen se quedarían en nada sin un enaltecimiento de los espíritus en aras de un bien común, es decir, que TODOS tendremos que poner nuestro grano de arena y ser un poco japoneses, un poco alemanes… en pensar en qué puedo hacer por mi país y no en qué puede hacer mi país por mí. El objetivo de la abundancia será de todos y todos han de contribuir a hacerlo posible.

Y, lo que es crucial, aceptar las personalidades excepcionales. Ser terreno abonado donde el talento fructifique. Basta de envidias y de miras cortas. Que el Gran Capitán no vuelva a morir enfermo de melancolía. Que los inventos de los genios nos sirvan para sacarles provecho. Que los Colones vuelvan a encontrar quien financie sus empresas. Este es el gran reto cuando hablo de cambio de mentalidad. El emprendedor debe dejar de ser presunto culpable. El inventor dejar de ser el loco del pueblo…

Y en cuanto a la agonizante iglesia católica, pavor de los podemitas, un poco de reforma luterana no le iría nada mal, creo. Doctores tiene la Iglesia en todo caso.

En cuanto a la plácida Europa, a ver si enviamos un hombre a la luna o alguna hazaña de tipo similar, como están haciendo ya chinos e hindúes.

En fin, he hablado del pasado de España, el origen de sus vicios y de algunos medios para solucionarlos en el presente junto a otros problemas. No es cuestión de varitas mágicas sino de racionalidad. He tratado de mostrar la fuerza motora del nacionalismo bien entendido, para un país. He tratado de aportar medidas racionales y aportaré más. Susceptibles de discusión como todo lo humano. Espero que me haya sabido explicar bien. Ahora voy a hablar un poco del futuro. De ese proyecto sugestivo de vida en común.

Estoy hablando pues de la España que quiero para los años venideros. Un país próspero en el que la abundancia pague los servicios sociales, no los altos impuestos que asfixian a la clase media, un país en el que nuestros emprendedores se encuentren cómodos y que atraiga al talento que se ha ido al extranjero, un país poblado en todas sus áreas, con baja delincuencia a ser posible, con pueblos y aldeas llenos de gente, puntero en tecnología, con nuestras marcas propias, aquellos Barreiros, aquellas Derby tienen que volver a correr por nuestras carreteras, un país en el que se persiga la corrupción, que se sienta fuerte y seguro, que encuentre su Bismarck a ser posible, que mantenga su esencia y su folklore, que no reniegue de su tradición, poblado por españoles a ser posible, que participe de la carrera espacial junto a nuestros socios europeos, un país con bares, sin botellón, que sigua sacando grandes deportistas y grandes genios, que estos estén cómodos, que convenza a vascos y catalanes, con toros, con jotas, con flamenco, un país moderno y tradicional a la vez.

Y por supuesto con los problemas que he enumerado arreglados.

¿Se resistirían a esto vascos y catalanes?

¿Y una república o una monarquía? Este es un tema peliagudo. He propuesto dos ejemplos de países a imitar, una república y una monarquía democrática en la que el nacionalismo que la puso al nivel de Occidente giró en torno a la figura del emperador. Yo soy republicano, considero que es un sistema más moderno y en el que el talento puede desarrollarse mejor al no haber el miedo a los celos del príncipe. Pero el nacionalismo alemán también giró en un principio alrededor de la figura del Kaiser, el cual supo dar cancha a una figura genial como Bismarck, aunque luego los celos hicieron mella en él. Es decir, si el actual rey, Felipe VI, tuviese carisma, además de estar bien preparado, que parece ser que lo está, y que sus pupilas soportasen bien el brillo de personalidades excepcionales, el nacionalismo español podría girar en torno a él, y dejaríamos los anhelos republicanos para otra ocasión. Pero si lo que espera de sus súbditos es la alabanza continua sobre lo guapo y lo alto que es y lo bien preparado que está, y los celos hacen mella en él respecto a las personalidades excepcionales y hombres y mujeres brillantes, mejor quizás sería pensar en una tercera república.

En fin, he sido un poco crudo, pero no está el horno para bollos. Hay que acabar con el *ancien régime* y sus vicios malsanos y el primer convencido de ello ha de ser la cabeza del estado. No hay otra. Los separatismos arrecian y hay que transformar el país para bien antes de que la catástrofe se haga realidad cierta. Si quiere el rey que el nacionalismo gire en torno a él, que se haga merecedor de ello y que dé cancha a los posibles Bismarcks y demás gente brillante.

Y en cuanto al otro modo de pensar vicioso, según mi modesto y leal saber y entender el igualitarismo podemita de izquierda radical, solo decir que no hay un solo país que puedan poner como ejemplo de eficacia. Solo las tragedias y las hambrunas han ocurrido en los desgraciados países donde esta mentalidad ha arraigado. ¿China? Voy a hablar un poco de China en el próximo capítulo. Hablarle a esta gente de talento y de personalidades excepcionales es mentarles la bicha también. Había un monstruo en Grecia que a todo el que pasaba por su cueva le cortaba los pies para que tuviese su MISMA ALTURA, hasta que vino Hércules y lo mató. Eso es el comunismo y la tiranía. Al final el resultado de estos regímenes siempre acaba siendo la hambruna, como vemos hoy en día en Venezuela, Cuba y Grecia con sus supermercados vacíos. Además, en una Europa que gira hacia los nacionalismos, ¿qué socios o aliados iban a tener? ¿El Irán teocrático? Cuéntenme uno de chinos ahora.

En fin, he terminado el capítulo hablando un poco de mentalidades viciosas y modos de malpensar muy arraigados desgraciadamente en nuestro país. Por ello más que un Bismarck o un rey alto y guapo lo que necesita el país es una revolución en las maneras de ver el mundo. Y la vida en general. Y por ello propongo una vez más un movimiento nacionalista romántico que nos saque de esta atonía y de este triunfo de la mediocridad. Es tarea de todos hacer un país nuevo. Si aparece un Bismarck, mejor.

China

Este es el último ejemplo al que se agarran las gentes de izquierdas, bienintencionadas o no, para argumentar sobre la eficacia de su sistema. Unos PIB altísimos en los últimos años han hecho creer a algunos que por fin el comunismo ha logrado crear un paraíso en la Tierra. Yo voy a intentar rebatir esta opinión.

¡Ay! Cuando el gigante despierte, dijo Napoleón. ¿Ha despertado el gigante gracias al comunismo? Vamos a hacer un poco de historia.

Ante la humillación ante las potencias occidentales y la invasión del territorio chino por parte de Japón surgió un partido nacionalista chino, el Kuomintag, que trataba de emular a sus vecinos japoneses en la tarea de occidentalizar el país, bajo el mando de Chiang Kai-shek, pero el país estaba dominado por varios señores de la guerra y había que unificarlo. Para desgracia de China los comunistas de Mao, que querían occidentalizar el país según el modelo soviético, vencieron a los nacionalistas y unificaron el país. Entonces los vencedores se dedicaron a acabar con el paro de esa manera tan peculiar y eficaz que tienen que consiste en liquidar por la vía rápida a unos cuantos de millones de compatriotas. Stalin lo había hecho liquidando unos veinte millones de compatriotas y Mao se puso a ello con entusiasmo y liquidó unos cincuenta millones de compatriotas. Pero hay muchos chinos en China y como el sistema va contra la esencia de la productividad humana se produjeron terribles hambrunas que acabaron con más millones de chinos todavía. Para acabar con las protestas Mao recurrió a las revoluciones culturales y grandes saltos hacia adelante que mantuvieron al país entre la hambruna y la represión hasta su muerte con el único logro de hacer explotar una bomba atómica. Hoy en día los jemeres rojos de Camboya volvieron a utilizar este método de acabar con el desempleo y como se les fue la mano liquidaron al cincuenta por ciento de sus compatriotas.

Su sucesor Deng Xiaoping inició un proceso de reformas económicas y apertura comercial al resto del mundo sabiendo que los shogunatos dan mal resultado y como partía de muy abajo y renunció a algunos principios del comunismo en materia económica logró unos PIB espectaculares. Los sucesivos presidentes hasta Xi Jinping, el actual, mantuvieron este ritmo de crecimiento.

Pero no nos engañemos con estas cifras, que por otro lado son conseguidas por una mano de obra sin derechos y en un régimen de semiesclavitud. Los chinos partieron de la nada y por eso los PIB son tan altos. Es decir y por poner un ejemplo práctico, si yo tengo un solar y hago una casa estoy creciendo muy rápidamente, luego viene el rellenar esa casa y eso es otra historia. Pues con una mano de obra esclava han construido esa casa pero la han rellenado de productos baratos y de baja calidad con los que han inundado el resto del mundo también. Así que el tiempo nos dirá si verdaderamente el éxito chino es tal, yo no lo creo, prefiero un producto japonés mil veces antes que uno chino. Yo creo que estamos ante un caso como el de la Unión Soviética. Tras décadas de sufrimiento intenso los rusos llegaron a los sesenta del siglo XX con un cierto bienestar, y con unas cifras que les hacían creer que estaban compitiendo con los americanos. Todo se desmoronó de la noche a la mañana en los 80 tras volver la escasez y la hambruna. El comunismo soviético fue sustituido por el nacionalismo ruso y hoy aquellos pueblos, tras volver a pasarlo muy mal en el caos que siguió al derrumbe de la URSS, hoy vuelven a respirar satisfactoriamente.

Yo creo que estamos ante lo mismo, a pesar de las aperturas y el progresivo abandono de los principios comunistas, un régimen tan cerrado acabará hundiéndose. Tras MUCHAS décadas de sufrimiento han logrado un cierto bienestar produciendo mala calidad pero barata, y si no sustituyen al comunismo por el nacionalismo pronto y de una vez, la naturaleza humana se impondrá y volverán las hambrunas y carestías. La mano de obra esclava hace lo mínimo y no compite y eso cuando acaben de construir la casa lo notarán, a la hora de rellenarla de productos. Y los PIB dejarán de ser tan altos y vendrá el desastre.

El ejemplo no vale. Los japoneses lograron en unas décadas modernizar el país. Los chinos llevan ya casi setenta años de comunismo y lo que tienen es una burbuja inmobiliaria como la de la España de los 90 del siglo pasado. Cuando explote, caerá el comunismo y será sustituido por el nacionalismo, al igual que en la URSS. También nosotros nos creímos haber alcanzado el paraíso y mira cómo estamos ahora. El bienestar no acaba de volver.

En cuanto al tema de la población, no tienen despoblación sino lo contrario, una superpoblación de 1200 millones de habitantes, a lo que ha seguido una política de hijo único que ha logrado salvar la hambruna en las últimas décadas, pero que está produciendo un desfase entre el número de varones y hembras.

Así pues, veremos lo que dura el invento, mi pronóstico es que no durará mucho más de lo que dure la burbuja inmobiliaria, luego hasta volverán las hambrunas y los supermercados vacíos pues el ser humano produce lo mínimo en régimen de esclavitud. Y el ejemplo será otro más de los fracasos en el intento del igualitarismo radical de arreglar esto.

¿Ha despertado el gigante? ¿O anda sonámbulo? Yo apostaría por la segunda respuesta, un aparente bienestar nos engaña, a nosotros y a ellos, como nos engañamos nosotros en los 90 del siglo pasado, como les pasó a los rusos en los 60 del mismo siglo. Y para una década de cierto desahogo, ¿tanto crimen, tanta hambruna y tanto horror? En fin, creo que sé la respuesta de ustedes.

Por ello dejémonos de experimentos peligrosos y volvamos la vista a los países que funcionan. Sigamos su ejemplo y volvámonos patriotas y luchemos por hacer de nuestra España un país puntero. Ese sí que sería un paraíso.

Ojalá que los chinos despierten de verdad, y de manos de un nacionalismo chino encuentren un planeta en el que poder expandirse, pues con todos los que son, cuando vuelvan a la familia normal, no va a haber sitio para tanto chino. Y esto lo digo medio en broma, medio en serio, pero estoy seguro que en este caso Dios proveerá y la refinada civilización china logrará grandes logros que nos sorprenderán a todos, cuando logren liberarse de sus carceleros.

Medidas propuestas

Y llegamos al capítulo mollar. El más polémico y el que ustedes estarían esperando. Vamos a ver qué propone el iluminado este, dirán ustedes. Pues propondré lo mismo que cualquier partido nacionalista en boga. Ni más, ni menos. Medidas totalmente racionales para acabar con tanto desbarajuste.

Para empezar y como el tema del libro es la despoblación, la ya comentada de la creación de un ministerio contra la despoblación con el fin de reconducir los capitales hacia las zonas que más urgentemente necesitan de una acción eficaz, incluyendo la Andalucía del PER.

Pues el PER se está convirtiendo en un problema más que en una solución. Simplemente, nuestros socios del norte de Europa están hartos de subvencionar la no producción, y se están produciendo los *brexit* y demás grietas en la Unión Europea. Francia, Alemania, Holanda... Por otro lado, para mantener este tinglado de corruptelas, que también es una de las causas por la que los nacionalistas vascos y catalanes andan espepitando, se está expoliando a los ciudadanos andaluces con los impuestos más altos de España, unos IBIS demenciales y un impuesto de sucesiones que es para echarse a llorar, a quien tiene la mala suerte de que un familiar le deje algo en herencia.

Por ello yo propondría ir suprimiendo el PER, no sé muy bien si paulatinamente o de golpe, y por medio de este ministerio canalizar la creación de empresas hacia Andalucía y el interior de la península. Pero claro, con unos impuestos tan altos, ¿quién va a querer emprender en estos lugares?

Por ello es necesario una mayoría absoluta del nacionalismo español, para que pueda:

En primer lugar desviar las empresas que no sean autóctonas y que sean de nueva creación hacia los lugares comentados. Como las empresas no querrían ir a estos lugares porque en Madrid, Bilbao y Barcelona se pagan menos impuestos, el Gobierno obligaría a estas autonomías a bajar los impuestos hasta que sean menores que en Madrid, Bilbao y Barcelona. Pero lo más seguro es que estas se nieguen a ello, por lo que no habría más remedio que:

En segundo lugar, reformar la Constitución y quitar competencias a las autonomías en el caso de que no se quisiera suprimirlas, unas cuantas o todas, y sobre todo devolver así al estado competencias sobre impuestos y EDUCACIÓN. ¿Qué tiene que ver la educación con todo esto? Pues que en Cataluña y en Vascongadas se enseña a odiar a España en las escuelas, cosa que como es natural, iría en contra de un pensamiento regenerador españolista. Así pues tenemos ya un interior y una Andalucía con impuestos bajos en los que a las empresas les sería rentable invertir y viene lo tercero:

En tercer lugar, bajar el IRPF y el IVA a ser posible también. Así los emprendedores tendrían más dinero para invertir y la gente en general más dinero para gastar y consumir.

En cuarto lugar estaría la poda sistemática en la Administración de todo gasto no productivo salvo sanidad. Los dineros que hoy van a embajadas autonómicas, memorias históricas y chorradas varias se dedicarían a subvencionar I+D.

En quinto lugar una poda de las administraciones públicas. Se dedicaría ese dinero a lo mismo dicho antes y a mejorar las fuerzas armadas. Aquí volveríamos de nuevo al tema de la supresión de las autonomías. Yo soy partidario, pero soy consciente de que algunas están muy arraigadas, por ello propongo en primera instancia el reducir sus competencias.

En sexto lugar sería obligar a los bancos, siempre dentro del libre mercado, a abrir el flujo de crédito a los emprendedores.

En séptimo lugar y para mi importantísimo, buscar como sea energías baratas. Para que nuestros productores puedan competir los costes no pueden ser tan altos, para ello el Gobierno buscará las energías más baratas posibles, bajará los impuestos de estas, y obligará a las empresas energéticas a bajar precios siempre dentro de lo razonable.

Promocionar precios justos en origen de los productos agrícolas en aras de la repoblación del interior. Para ello se perseguirá la especulación fraudulenta. Esto en octavo lugar.

En noveno lugar promover la natalidad.

En décimo lugar promocionar el emprendimiento y la excelencia mediante campañas publicitarias. Promocionar la marca España para que en España se consuman productos españoles en primer lugar. También se promocionarán estos temas en las escuelas y no la educación sexual, el independentismo y aberraciones varias.

En undécimo lugar, reforma de la justicia que acabe con los modos de actuar *ancien régime* y establezca una verdadera separación de poderes.

En duodécimo lugar, establecer la seguridad jurídica y un marco jurídico apropiado al emprendimiento.

En decimotercer lugar, mejorar las relaciones con los EE. UU.

En decimocuarto lugar, eliminar el botellón. Que nuestros jóvenes se diviertan en los bares y que no anden haraganeando por ahí.

En decimoquinto lugar, reforma universitaria. Dotación de presupuestos y acabar con la endogamia de los claustros. Fomentar la excelencia.

En decimosexto lugar, eliminar los aforados. Regular el indulto.

En decimoséptimo lugar, elaborar un plan de infraestructuras.

En decimoctavo lugar, regular favorablemente en tema de impuestos a las empresas que inviertan en I+D.

En decimonoveno lugar, regular el precio del suelo para empresas.

En vigésimo lugar, invertir el estado en I+D aereoespacial de acuerdo con nuestros socios europeos.

En fin, son medidas encaminadas a limpiar la vida pública y favorecer los movimientos de capitales, fomentar el ahorro y la inversión y promover la investigación.

Crear un caldo de cultivo favorable al emprendimiento en definitiva. Para ello es necesaria la concienciación ciudadana de que solo favoreciendo el emprendimiento se puede llegar al objetivo de una abundancia que proporcione bienestar general.

Pero estas medidas encontrarán muchas resistencias, sectores subvencionados, muchos de ellos organizaciones radicales, sectores *ancien régime* beneficiarios de chanchullos, empresas monopolísticas en las energías, los eternos receptores de la industria en España que son Madrid, Barcelona y Bilbao, algunos sectores del *stablishment* beneficiarios de los precios bajos en origen… y muchos más… intentarán que estas medidas de choque no se apliquen, y qué decir de las organizaciones autonómicas con sus televisiones y múltiples organismos dependientes del dinero estatal.

Por ello es necesario una revolución colectiva y una mayoría absoluta para poder operar con precisión de cirujano, para podar las ramas secas de nuestra sobredimensionada Administración y canalizar estos recursos hacia la inversión, la investigación y el emprendimiento.

Esto es lo que puede hacer el Gobierno, preparar un clima favorecedor al emprendedor, luego les toca el turno a nuestros jóvenes, a los de aquí y a los que viven en el extranjero. Con tanta bajada de impuestos en un principio se recaudará menos pero estos dineros se gestionarán con eficiencia. Lo importante es que las fuerzas creativas dispongan de capitales para emprender, y la gente en general tenga dinero para consumir, preferentemente productos españoles, que cuando nos ponemos a ello son iguales en calidad a los extranjeros, si no mejores. También se pretende con estas medidas atraer la inversión extranjera, y conseguir un clima empresarial en el que la abundancia aporte los recursos necesarios al estado sin exprimir al contribuyente. El Estado con estos recursos además de sostener el estado del bienestar podría dedicarse a algunas hazañas espaciales en colaboración con nuestros socios europeos y dar salida al talento de nuestros ingenieros, así se irían formando aunque acaben más tarde en la empresa privada.

Creo que son proyectos ilusionantes que sacarían de la atonía al país. Y la higiene anticorrupción ayudaría a elevar los espíritus y no verse tan oprimidos, simplemente haciendo desaparecer la sensación de expolio se ganaría mucho en el estado anímico de nuestros conciudadanos. En el tema del PER se encontrarían muchas resistencias también pero hay que sustituirlo por la creación de empresas, supongo que paulatinamente. Y habría que procurar una industria cinematográfica potente que sepa difundir los valores de un romanticismo españolista. Creo que en dos o tres años se podría generar ese caldo de cultivo favorable al emprendimiento. También habría que fortalecer las fuerzas armadas, especialmente la armada para proteger nuestras costas de posibles invasiones, ahí se podrían generar muchos empleos si nos dedicamos a ello con ilusión.

Y gestionar bien los dineros, que no se nos vayan cantidades ingentes en intereses de deuda. La de cosas que se podrían hacer con ese gasto y otros gastos superfluos. Gastos que suelen acabar beneficiando a gentes de partido sin producir nada a cambio. Gastos de impuesto revolucionario por llamarlos de alguna forma.

Para todo ello serán necesarias buenas dosis de patriotismo, porque el egoísmo humano está ahí, y es bueno hasta cierto punto pero debe ceder ante los intereses generales, y el reformar de esta manera tan drástica no será fácil. Habrá que ponerse a legislar desde el primer día, para canalizar el dinero hacia los creadores, los que tienen sueños.

Y como el tema del libro es la repoblación y nos estábamos olvidando de ello, el ministerio para la repoblación contaría con recursos y hombres para canalizar las inversiones hacia las zonas que más necesitan de esa nueva industrialización.

Ya hay bastantes emprendedores en las zonas pobladas, mándennos algunos donde hacen falta de verdad. Y démosles nosotros las condiciones necesarias para emprender. No puede ser el expolio fiscal al que estamos sometidos en las regiones que necesitarían ser más atractivas para el emprendedor, porque nos va la supervivencia en ello.

Es que estas propuestas son al final todo lo contrario de lo que se viene haciendo actualmente, como si estuviese el mundo del revés, no concibo cómo en estas zonas agonizantes la fiscalidad sea más alta que en las zonas ricas. Debe de ser que a perro flaco todo se le vuelven pulgas. No lo entiendo, de verdad. Ni que el dinero se gaste en promocionar el odio a España y en embajadas autonómicas, no es serio. Ya sé que dan mucha guerra vascos y catalanes, pero por decirles alguna vez que no, no estaría mal. Por eso es necesaria esa mayoría, para reconducir los flujos del dinero sin tener que pagar contrapartidas.

Y en fin, espero haberme sabido explicar en cómo reformar el país con el objetivo de alcanzar la abundancia y con ella la repoblación. El camino de los capitales debe acabar en las manos de los que tienen sueños, y facilitarles las cosas. No empecemos con la demagogia de que si se les va a dar el dinero a los ricos, no. Son las fuerzas creativas quienes tienen que disponer del entorno adecuado para sacar adelante sus proyectos, en Zamora, en Sevilla y en todos los sitios. Creo que las reformas propuestas ayudarán a ello. Quizás se me haya olvidado alguna que otra. He intentado exponerlo todo de manera simple y sin enrollarme, para que me entienda todo el mundo.

Epílogo

Ya he expuesto todo lo que quería decir. He comentado la situación de las zonas despobladas y de las zonas con crisis. Como la situación actual de España no ayuda a una repoblación, he propuesto las medidas necesarias para reconducir la situación hacia una España próspera y poblada. Las medidas son enérgicas porque la situación es grave, con los independentismos arreciando. Podía haberme dedicado a hacer la pelota a todo el mundo y así sería más cómodo para mí, pero creo que la socialdemocracia pepero-socialista se ha pasado de rosca y que se está haciendo todo lo contrario de lo que se debería hacer, y ahí está su ocaso en todas partes.

Mis medidas son las de todo partido nacionalista español, así que no me invento nada, en cualquier programa de partidos nacionalistas españoles las tienen. Lo único que pienso de novedoso es que creo que la sociedad debe ir más allá de estas medidas y cambiar de mentalidad, que se destierren los modos de pensar *ancien régime* y los igualitaristas radicales que tanto daño nos están haciendo con su cortedad de miras y luces cortas. Hubo una Revolución Francesa que nos trajo unos derechos a los ciudadanos. La experiencia demuestra que la mano de obra en servidumbre o esclavitud produce menos que cuando se trabaja por egoísmo, y no digamos cuando lo que mueven a las personas son altos ideales. Por ello es necesaria esta revolución del pensamiento en España y dar vía libre al talento de una vez. Por ello propongo una pacífica revolución romántica nacionalista, para elevar nuestros espíritus en aras de un objetivo superior. Por ello les he propuesto el proyecto sugestivo de vida en común de una España abundante, poblada y avanzada tecnológicamente.

Marzo estaba mayeando pero ha vuelto el invierno. No nos dejemos engañar otra vez con burbujas que explotan y nos dejan en la desilusión. Persigamos el verdadero bienestar de una sociedad moderna como la alemana o la japonesa.

En fin, vengo de ver mis árboles, casi todos han brotado ya. Espero que este frío no les perjudique. A ver si pongo una plantación si estas breves páginas se venden, es todo un mundo este de los árboles. Y el arte de la poda… Hay que quitar ramas perezosas, chupones y ramas muertas para dejar las ramas fructíferas. Ojalá encontremos un buen podador, ojalá encontremos nuestro Bismarck, pero lo crucial es el aporte de todos en la empresa de sacar adelante el país.

Voy al bar a tomar café, la conversación gira en torno a los altos costes y los bajos precios en origen, algunos hablan de tirar la toalla pero con los años que tienen… espero que no haya más bajas pues ya quedamos pocos en el pueblo, pero en fin, todavía se puede jugar una partida de cartas, escuchar un cante de Justiniano y beberse unos vinos. Ojalá tome conciencia la sociedad de lo poco que queda para que esto se pierda, y con ello nuestra alma española. Pero tengo esperanza, España quiere arreglarse y seguro que encuentra el camino correcto para ello. Todo es cuestión de algún chispazo que encienda los espíritus de las gentes de este país, que seguro que se producirá.

Cae la noche y hace fresquillo, pero pronto pasará este frío tardío y la naturaleza proseguirá sus ciclos y los árboles se cubrirán de hojas y de flores. A ver si España sale de su letargo como las plantas en primavera y vuelve a ser un gran país. Qué alegría sería ver los pueblos llenos al igual que se ven las choperas echar hoja. Qué alegría salir del shogunato y hacernos un país moderno de una vez, y junto con nuestros socios europeos participar en la carrera espacial en la que nos adelantan tantas potencias ahora mismo. Este es el futuro y por donde van las fuerzas creativas ahora mismo. Ya empresas privadas programan viajes de turismo a la Luna para dentro de unos años, no podemos quedarnos atrás de nuevo, pues sabemos inventar como el que más.

Los retos del futuro están llamando a la puerta, no podemos hacer como si no oyésemos la llamada, de peores situaciones que la nuestra han salido otros países con renovados bríos, nosotros tenemos un punto de partida bastante bueno, a pesar de los problemas que pueda haber, pero con mentalidades antiguas no vamos a ningún lado.

Imagino un país puntero en tecnología espacial, ¿por qué no? Cuando nos ponemos a algo con entusiasmo somos los mejores, lo hemos demostrado, solo hace falta salir del letargo, pegarle un empujón a la cosa y creérnoslo un poco. Encauzar muchas de nuestras energías despilfarradas en batallas estériles hacia ese objetivo, y volcarnos con ilusión en él. Lo mismo encontramos nuevos potosíes de algún mineral en algún sitio del Espacio, o hacemos adelantar nuestra ciencia, o quién sabe…

Un objetivo compartido con nuestros socios europeos, que Europa necesita también salir de su placidez y ser otra vez faro del mundo. Se necesitaría crear mucha industria aereoespacial y ello podría contribuir a la repoblación del interior de España y a bajar el paro. Podría ser este un campo que nos ayudase a despertar, además de otros.

Ustedes dirán que esto son ensoñaciones, yo les respondo que es un problema de canalización de energías. Una dirección eficaz junto a un pueblo entusiasmado podrían conseguirlo.

Pero esto es una propuesta mía para despedir el libro, por ello bajemos del espacio otra vez a nuestros vacíos campos y no nos embrollemos con más aventuras. Para decirle a nuestros urbanitas que tanto temen al campesinado reaccionario, que quedamos cuatro y que es cosa de que no se pierda irremediablemente el caudal de tradiciones acumulado a lo largo del tiempo. Pronto vendrá el buen tiempo y con él las romerías de los pueblos, llegará el verano y los que se fueron volverán por unos días, llenando de jolgorio las vacías calles, y las risas de los niños volverán a oírse, y los adolescentes crearán sus pandillas y sus peñas. Luego se irán dejándolo todo vacío otra vez. Ojalá nos concienciemos todos de que esto no debe ser así y colaboremos en la tarea de repoblar España desde el objetivo alcanzado de la abundancia.

Y yo les invitaría a compartir el sabor de la fruta cogida de mis frutales para ayudarles a volver a esos sabores que se perdieron con el uso de las cámaras. Y a pasear por los atardeceres acompañados de los perros, refrescados por la brisa de poniente. La vida en los pueblos tiene mucho que ofrecer al ser humano todavía, como el conocerse todos los vecinos y así huir de la soledad que a veces sufre mucha gente en las ciudades. Todo es cuestión de unas buenas comunicaciones y de poder trabajar.

Este es el objetivo del libro. Si a veces me he ido a las alturas en busca de soluciones perdónenme, pero a veces me puede la vehemencia. El objetivo a alcanzar es justo y bueno, y para el país necesario. Por la cohesión territorial, por el mantenimiento de las esencias españolas.

Por ello vuelvo a hacer un llamamiento a todos de unirnos en un movimiento romántico, a nuestros intelectuales, a nuestros artistas, a nuestros cineastas. Eleven nuestros espíritus hacia esa gran España, démonos un poco de cariño y de autoestima y dejemos el llanto de plañidera por lo que se perdió hace ya mucho tiempo.

Ya dice la radio que viene la primavera dentro de unos días, que la primavera del país venga pronto también para rejuvenecer el país, y que se pueda elegir entre vivir entre el campo y la ciudad sin que ello suponga pérdida alguna, que los habitantes de los pueblos sean considerados como unos productores más y no como siervos de la gleba, que los cultivos convivan con las fábricas y que produzcamos todos productos de calidad que nos hagan sentir orgullosos de ellos.

Yo sueño con mi plantación, vengo de ver mis árboles otra vez y ya anticipo el sabor de las frutas que prometen las flores. Apostaré por la calidad de mis productos para compartirlos con ustedes, espero que en todos los campos el afán de superación nos provea de toda gama de artículos españoles que puedan competir con los extranjeros y que nuestros productores vean recompensados sus esfuerzos. Luego de comer iré a tomar un café y a ver la partida de cartas y seguiré soñando con un país moderno en el que se puedan llevar a cabo todos nuestros sueños.

Europa en la encrucijada

Introducción

Son estos tiempos inquietantes, después de los felices noventa vino la crisis del 2008 y vamos saliendo poco a poco de ella en Europa, unos con mejor suerte y más rapidez que otros. Pero algunos nubarrones en el horizonte hacen que no haya sosiego en los espíritus y se mire al futuro con cierta preocupación. Estamos en una Europa plácida y adormecida que responde con lentitud a los nuevos desafíos que se presentan. Y eso es lo que tiene a la gente en vilo. Ya quedan lejanos los tiempos en los que los países europeos se repartían el mundo y hoy este está dominado por nuevos gigantescos imperios. Europa responde tarde y mal a las nuevas exigencias debido a la falta de cohesión en las estructuras europeas y las partidas son jugadas por otros jugadores. Esto no quiere decir que vivamos en un islote de paz y felicidad ajenos a los problemas del mundo pues nuevas problemáticas se presentan pidiendo respuestas.

Con la caída del muro de Berlín parecía que se iba a inaugurar una era de paz y felicidad, se miraba el futuro con optimismo y los problemas eran los menores posibles desde hacía mucho tiempo.

Hoy en día una posible ruptura de la Unión Europea aparece como posible y ya uno de los socios más importantes, Gran Bretaña, se ha salido de esta, habiendo otros varios países en los cuales los movimientos antieuropeos están en auge. Con la crisis de 2008 la gente se sintió desvalida y dejó de ver en la Unión algo protector y positivo. Nuevos partidos exigiendo medidas proteccionistas aparecen en el horizonte de las naciones europeas poniendo a la Unión en un brete.

A esto se le suman las incógnitas que conllevan la inmigración descontrolada y las amenazas exteriores. Partidos nacionalistas ven peligrar las identidades nacionales y no encuentran en la Unión respuesta satisfactoria a sus demandas y se vuelven contra esta. Estos movimientos están más en auge en el norte y este de Europa que en el sur, pero la ola se extiende imparable. ¿A qué es lo que se teme? A una posible islamización de Europa.

Unamos a esto el que algunos países del norte están hartos de subvencionar la no producción en los países del sur. Dineros ingentes de Bruselas se destinan al sustento de masas desocupadas en un sistema en que la solidaridad ha dado paso a la pillería.

Así y todo el edificio se mantiene a pesar de estas grietas. Aunque lo impensable hoy se ve como posible ahí sigue la Unión, tratando de capear los temporales. ¿Asistiremos a su disolución o sabrá evolucionar a fin de tener más agilidad operativa? El tiempo lo dirá. ¿Será compatible un patriotismo europeo con el patriotismo nacional tal y como clamaba Víctor Hugo? Ojalá fuese así. Yo soy partidario de la Unión como la mayoría de los españoles, pero reconozco que en algunos aspectos sería mejorable. Temas como el de si no asistimos a una excesiva burocratización, si debe tener más poder la Unión o menos, de un cambio en el organigrama para hacerla más operativa están ahí, discutiéndolos la gente, junto con el tema de si sería deseable un presidente de la Unión elegido por sufragio universal y con más poderes ejecutivos.

He escrito otro ensayo en el que clamo por un nuevo nacionalismo español, no lo veo incompatible con un nacionalismo europeo, nuestras comunes raíces greco-romanas y judeo-cristianas hacen que nos veamos obligados a colaborar en muchos temas. Y más cuando el mundo lo dirigen los grandes imperios. Rusia, China y USA ponen el tablero, y por separado no podemos jugar en él en igualdad de condiciones. Hay muchos desafíos en el horizonte que exigirán el abordarlos de manera conjunta y no cada uno a su libre albedrío; eso sí, se requerirá de una agilidad y de un liderazgo inexistentes hoy en día en la Unión, y por ello como nacionalista español hago mío el sueño de Víctor Hugo y abogo por un nacionalismo europeo también.

Y este nacionalismo europeo debe estar encaminado a que Europa sea luz del mundo otra vez, a ser conscientes de que lo hecho en la historia tiene más luces que sombras, a ilusionar a los europeos con proyectos conjuntos. A salir de la placidez puesto que camarón que se duerme se lo lleva la corriente, y encarar los problemas con realismo pragmático, conscientes de que se han aportado a la humanidad muchos avances y que todavía queda mucho que aportar.

El mundo sigue su curso al igual que la historia, no nos conformemos con ser un parque temático como se ha dicho, una Unión Europea cohesionada, fuerte y con convicción en sí misma, puede ocupar un lugar puntero junto a los grandes imperios, y seguir aportando su luz a la humanidad. Pero para ello es necesaria la colaboración entre naciones y la altura de miras en los gobernantes. Y un espíritu de regeneración que solo partidos nuevos traen. Es una contradicción pero la salvación de la Unión puede venir precisamente de los que más la critican, porque claman por no olvidar los valores conjuntos que la hicieron grande, porque quieren preservar esos valores amenazados por la inmigración descontrolada. Yo lo veo así, una vez que asistimos al ocaso de la socialdemocracia y a la invalidez de utopías desfasadas, solo un acuerdo entre los nacionalismos emergentes puede salvar la Unión. Esto parece un retruécano pero es la única posibilidad que se vislumbra cara al futuro.

Amenazas internas

Evidentemente la más seria amenaza que nos puede traer la crisis de 2008 es la involución de Europa hacia el marxismoleninismo. Involución que de hecho ya se está produciendo en algunos países del sur. Grecia y España como ejemplos más claros. La crisis ha llevado a un gran número de ciudadanos a la desesperación y ofrecen su apoyo a esta salida, sin reparar en que es un modelo que ha fracasado allí donde se ha implantado. El aparente éxito de China en los últimos años da alas a los líderes ultraizquierdistas y creen que es el momento en que las profecías de Marx se cumplan.

Pero ¿qué es lo que nos espera si cayésemos en manos de estos movimientos? Pues lo que ha pasado allí donde han alcanzado el poder los comunistas. Represión, hambruna y falta de desarrollo. La fórmula de más cañones y menos mantequilla, el atraso a medio y largo plazo y los genocidios. Los jemeres rojos masacraron al 50 % de su población. ¿Queremos eso para nuestra Europa?

En mi otro ensayo sobre la despoblación ya hablé de este tema. En concreto, de esos años de aparente bienestar que hubo en la URSS que parecían justificar tan atroces crímenes. Creo que en el caso chino estamos ante lo mismo. Un aparente bienestar. Un aparente bienestar camuflado por unos PIB muy altos de un país que ha crecido desde la pobreza en los últimos años. Un «milagro» que seguramente acabará por explotar, con un pinchazo de la burbuja inmobiliaria como ha ocurrido tantas veces.

Porque las bases de la civilización y el desarrollo, a pesar de las cíclicas crisis, son otros. Son la propiedad privada, la investigación, la competencia, mezclados con los ideales patrióticos y los de altruismo y generosidad cristianos. Así fue Europa luz del mundo, así son los USA luz del mundo hoy en día y así está saliendo Rusia del colapso.

Claro que hay problemas, claro que hay injusticias que hay que mejorar… pero esto ha de hacerse desde el altruismo y la generosidad, no desde la imposición tiránica y el genocidio. Desde la estabilidad social ir mejorando, desde el pragmatismo vislumbrar las soluciones. Como hizo Europa en un proceso que va desde el siglo X al siglo XX. Con innumerables crisis, con guerras entre vecinos pero un proceso que le llevó a ser la luz del mundo y la dueña del planeta.

Bienvenidas sean las reformas ante procesos de estancamiento y esclerotización, procesos que tenemos en España con el tema del envejecimiento de la población y la despoblación misma. Pero estas reformas han de venir desde una autocuración, desde el desarrollo más pleno de nuestros principios e ideales. Nunca desde la involución hacia ideas ahumanas, que van contra todo por lo que lucharon nuestros antepasados.

Progreso es evolucionar a mejor. A una vida más digna, no la involución al despotismo genocida. Progreso es acabar con el paro creando más puestos de trabajo, no acabar con el paro liquidando a la mitad de la población. No caigamos en manos de la demagogia. No caigamos en manos de ideas fracasadas y trasnochadas. El ser humano necesita competir para progresar, y ver que sus esfuerzos son recompensados justamente. Salir de eso es llevar la nación al estancamiento y a la hambruna al final.

Por ello hay que clamar contra las corrientes igualitarias radicales que recorren el sur de Europa. Son nuestro principal enemigo interior. El fin de lo creado por tantas y tantas generaciones. Por qué no decirlo claramente, como un cáncer en el organismo de una sociedad que se pretende y se quiere que sea sana. El fin de los glóbulos rojos de la competencia y la recompensa, el fin de los glóbulos blancos de la lucha contra la apatía, el estancamiento y la depresión colectiva.

El norte y el este de Europa parecen vacunados contra tales veleidades pero en España tenemos el problema de un estado de las autonomías que nos lleva a la hiperburocratización del país, y que no deja que se salga de la crisis, convirtiéndose esta en endémica. Y en un país en situación de crisis endémica la tentación de recurrir a soluciones de extrema izquierda está ahí. Amenazante, temible de convertirse en metástasis. Por ello son necesarias reformas en este sentido, reformas que reconduzcan o eliminen el sistema de las autonomías para que las fuerzas creadoras dispongan de suficientes capitales para llevar a cabo nuevos proyectos y rejuvenecer el país.

En el norte y en el este de Europa las soluciones vienen por la vía de los nuevos nacionalismos. Vayamos nosotros por ahí, con ellos, no a contracorriente. Unámonos a la ola que recorre Europa y rejuvenezcamos nuestro agotado y esquilmado país. Bajemos los impuestos, reproduzcámonos y repoblemos nuestra vieja Europa.

Los tres pilares del rejuvenecimiento de Europa, y por ende de nuestro país, serían entonces, ante el ocaso de la socialdemocracia, la vuelta al libre mercado, la defensa de la vida y la unidad de Europa y de sus naciones. Con estos tres pilares se deberá construir el nuevo edificio. La Europa de la meritocracia, todo lo demás vendrá de aquí. No al igualitarismo radical asfixiador del esfuerzo y el mérito. No a la repoblación de Europa por gentes de creencias distintas. No a una Europa de 200 minúsculas nacionalidades.

Pero nuestros enemigos internos están ahí, a la espera, prestos a destruir las defensas de nuestro organismo vital. El principal, como ya he dicho, la involución hacia el marxismo leninismo. Pero hay otros, como el envejecimiento de la población y la despoblación misma, la pérdida de valores hacia un camino de hedonismo exacerbado antisolidario, y no me estoy refiriendo a la cosa sexual, que también, sino a las enfermedades de sociedades opulentas como la sublimación de los sentidos en detrimento de valores como la amistad y la solidaridad.

Pues una sociedad en que el egoísmo sea el valor predominante lleva una enfermedad en sus entrañas. Por ello es necesario recuperar viejos valores, que nuestros jóvenes sean educados en altos ideales y no en cosas de inmediatez y corto plazo. Que conozcan la historia de Europa, que sepan que este pequeño continente ha sido la cuna de la libertad desde Grecia, el lugar del mundo donde el hombre se ha desarrollado más plenamente. Que sean conscientes no solo de sus derechos sino también de sus deberes para con la sociedad, entre ellos el de traer nuevos europeos a este mundo y el de aportar su grano de arena para que la sociedad europea sea la referencia de todo el mundo una vez más.

Sobre el tema de la despoblación en España ya he escrito un ensayo, y todo lo que he expuesto es aplicable para Europa. Hay que lograr que la fecundidad de las mujeres europeas vuelva a situarse al menos en el dos y pico hijos por mujer. A pesar de la crisis la mayoría de los países europeos son prósperos y no vale la excusa de que corren malos tiempos para procrear hijos. Si no queremos una Europa islamizada este punto es crucial.

Y restaurar los valores de la competencia, la investigación, el tratar de aportar lo mejor de uno mismo a la sociedad, la solidaridad entre todos las gentes que pueblan el continente. Horas que se gastan en independentismos y desvaríos varios deberían ser sustituidas por estas nuevas horas de exaltación del espíritu patriótico europeo. No puede ser que nuestros jóvenes solo piensen en el botellón del próximo fin de semana o en la *Playstation*. El espíritu de empresa debe ocupar las mentes de nuestros jóvenes si no el de misión. Y no negar los problemas hacia los que nos encaminamos sino reconocerlos y hacerles frente.

Que el cuerpo sano de nuestra sociedad fagocite estos virus disgregantes que estoy comentando. No puede ser que estos países, que durante siglos eran los protagonistas de todos los avances técnicos y científicos que recibía la humanidad, hoy en día no hayan mandado todavía un hombre a la Luna, que toda la robótica venga de Japón, que el eje comercial se haya desviado hacia el Pacífico… No, no podemos conformarnos con ser un bonito parque temático poblado por una raza blanca en extinción. Debemos ser mucho más ambiciosos, mucho más exigentes con nosotros mismos. Lo dije en mi otro ensayo y lo repito ahora, es necesario que cambie la educación de nuestros jóvenes hacia los valores del esfuerzo, la capacidad y el mérito. El derecho a la pereza que exigían los ciudadanos rusos en los sesenta del siglo pasado no tiene cabida en una sociedad que se está jugando tanto en los últimos tiempos.

Que se está jugando su supervivencia. Ni más, ni menos. Pues como ya he dicho hay amenazas internas y amenazas externas. Estoy comentando las internas, que son las que más urge resolver, pues una sociedad europea sana bien sabrá defenderse de las amenazas externas. Estoy dando pistas sobre lo que yo creo que deben ser los caminos a recorrer para acabar con estas amenazas internas que pueden colapsarnos. Pero la toma de conciencia de las élites intelectuales de estos problemas es mi prioridad. Un espíritu de misión debe recorrer toda Europa. Que los poetas la canten, que los escritores la amen… Que nuestros muchachos sepan que tienen un deber hacia ella de hacerla grande y próspera. Que volvamos a ser la punta de lanza de la humanidad. Que el despectivo «vieja Europa» sea sustituido por un ambicioso «nueva Europa».

No voy a hacer un listado exhaustivo sobre las soluciones que creo que deben aplicarse para arreglar estos problemas. Eso lo hice en mi ensayo sobre la despoblación pero aquí voy a actuar de otra manera. Según vaya hablando iré sugiriendo las soluciones. Espero que después de mí vengan otros autores con más ideas y más audacia que yo.

Pero debe quedar bien claro que hay que rejuvenecer el continente y que un hedonismo exacerbado no puede ser el faro que guíe nuestras vidas. Para ello la Unión tiene que intervenir, en educación y en los medios de comunicación mediante campañas de propaganda. Pero lo ideal sería un movimiento paneuropeo que sacudiese los espíritus. Nuestros intelectuales son los que deben impulsar ese movimiento. No hacia un neopuritanismo pero sí a corregir los excesos de una sociedad que puede caer en la molicie. Estamos envejeciendo rápidamente y es necesario un rejuvenecimiento. Estamos despreciando el mérito y el esfuerzo en aras de un igualitarismo asfixiante para el talento. Vamos de fiesta en fiesta olvidando el sentido de misión.

Hay que mandar a la Luna a un europeo, tenemos todos juntos que unirnos a la carrera espacial pues ahí está el futuro. En el espacio están los nuevos territorios por conquistar, los nuevos inventos de la carrera espacial harán más cómodas nuestras vidas, competiríamos con los americanos, los rusos y los chinos, y con los nuevos invitados a este escenario como la India y en el futuro algún país árabe seguramente. No podemos quedarnos atrás con el argumento de primero resolver los problemas en la Tierra, pues esto puede servirnos de excusa para no hacer nada, ni en la Tierra ni en el espacio. Es urgente que la Unión Europea sea consciente de la importancia de esta prioridad. Marte está ya esperando a los americanos. ¿Hasta cuándo seguiremos mirándonos el ombligo en vez de mirar al cielo?

En plena guerra fría alcanzaron los americanos la Luna, es decir, tenían un ojo puesto en la Tierra y otro en el cielo. Combatían al comunismo y a la vez cruzaban el espacio. Digo esto porque nuestros problemas de la Tierra no son excusa para una hipotética falta de presupuestos para este menester. Menos burocracia y mas acción es la solución que proponer. Ingentes cantidades que se gastan en administraciones superpuestas podían muy bien destinarse a estas tareas. Y dineros que se van por la espita de la corrupción también. No estoy hablando de destruir el estado del bienestar, sino de gestionar bien los recursos.

Sería todo esto un acicate para nuestros ingenieros. La empresa privada anda ya explorando estos campos pero hay que dar un empujón a todo esto desde el Estado. Porque nos estamos quedando atrás en este campo donde se va a decidir el futuro. Y porque es una empresa que puede conducir a una canalización de energías óptima. Y porque seguramente nuevos inventos nacerán de toda esta actividad. Tenemos los europeos que volver a creer en nuestras capacidades y nuestra dotación genética para las altas empresas.

Y mirando a la Tierra…. ¿por qué no solucionar un poco los problemas del África más pobre? Cada país europeo se podría encargar de un país africano con problemas, con el objetivo de ayudar al menos a que no sucedan hambrunas ni epidemias. Si Alemania ha sido capaz de resolver los problemas de la Alemania del Este en un tiempo récord, ¿no se podrían así paliar las peores situaciones del continente africano? Esto dicho desde el altruismo, dicho desde el egoísmo, se podrían evitar así las avalanchas humanas que cruzan el mar en patera huyendo del hambre y la enfermedad.

Es decir, una empresa altruista impregnada de sentido de misión. Ya que solo quedan 14 000 misioneros cristianos, nuestros jóvenes europeos que ya no hacen el servicio militar podrían acometer este empeño, dando un año de su vida gratis para paliar las peores situaciones de dicho continente. Como he dicho, cada país europeo se hermanaría con uno africano en mala situación y trataría desde esferas gubernamentales evitar y paliar las epidemias y las hambrunas. Se podrían propagar así también nuestros valores e ideales. No solo de botellón vive el joven europeo, también los altos ideales deben caber en sus cabezas por amueblar.

¿Es todo esto demasiado para la «vieja Europa»? Seguramente, pero una «nueva Europa» rejuvenecida sería capaz de llevar a cabo todos estos planes. Por ello es necesario volver a algunos valores que se están perdiendo en aras del egoísmo y del hedonismo exacerbado. Valores cristianos unos y valores que vienen de la Revolución Francesa otros, como el servicio a la patria y la fraternidad humana. Pero sobre todo el valor de la procreación ha de imponerse, y nuestros intelectuales deben ser conscientes de ello y poner su grano de arena en el empeño. Nos va en ello la supervivencia como continente y como raza, no solo la supervivencia de nuestros valores.

Que la indolencia, la apatía y el egoísmo desaparezcan de nuestros espíritus. Que se formen nuestros nuevos y ojalá que numerosos jóvenes, en los más altos y puros ideales humanos y que pasen al baúl de los recuerdos las ahumanas ideas comunistoides que sacrifican al talento en aras de una falsa solidaridad.

Y que los países europeos vuelvan a estar ilusionados por las ideas de fuerzas centrípetas y que las fuerzas centrífugas pasen al baúl de los recuerdos también. Es decir, y repito de nuevo, meritocracia o mercado lo más libre posible, derecho a la vida de los no nacidos y unidad de ambas patrias, la española y la europea. Los tres pilares sobre los cuales construir la nueva Europa.

Hemos visto pues las enfermedades que asolan la vieja Europa y los pilares sobre los que construir la nueva Europa. Para ello es necesario acabar con la Europa de los burócratas y que el organigrama de la Unión sea más ágil y funcional con el fin de acometer las enormes tareas que hay por delante, empezando por una profunda reforma en la educación con el fin de poner en valor la meritocracia y los altos ideales, acompañado de campañas publicitarias que insistan en lo mismo. Pero a mí me gustaría ir más allá del mero pragmatismo, y como católico también me gustaría asistir a una recristianización de Europa. Siendo esto unos de los materiales que más consistencia le podría dar al cemento de la unión. Estamos ya en el año de nuestro Señor 2018, y la Unión no pasa por sus mejores momentos. Que nuestras tradiciones cristianas, griegas y romanas sirvan para revigorizar y para unir allí donde hoy en día las fuerzas centrífugas parecen imponerse, y por qué no, aquellos valores de la Revolución Francesa más humanos.

Por todo esto que estoy contando abogo por un reforzamiento de la figura del presidente de la Unión Europea. Que líderes carismáticos dirijan nuestros destinos y no el ocasional presidente de Alemania. Abogo por el fortalecimiento de las competencias europeas en el ámbito de la educación, la economía y la defensa, en aras de promover la libre competencia y la meritocracia. Abogo por la reducción de funcionariado con el fin de que los capitales vuelvan a las fuerzas creadoras. Son las líneas básicas desde donde deben partir las reformas de la Unión según mi punto de vista y mi modesto y leal saber y entender. Ya corresponde a los expertos el desarrollo de estas líneas básicas de actuación.

Pero sobre todo abogo por un nuevo espíritu paneuropeo en las élites intelectuales y en el pueblo llano. Que la «revolución» neorromántica parta desde abajo e impregne a nuestras élites dirigentes.

La ilusión y la motivación han de surgir desde abajo, nuestros jóvenes deben ser audaces, emprendedores y comprometidos. Comprometidos con que nuestro pequeño continente vuelva a ser el ámbito donde el ser humano se desarrolle más plenamente y llevemos nuestros más altos ideales otra vez por todo el mundo. Ese mundo que se desangra en guerras, conflictos raciales, hambrunas y epidemias. Ese mundo que no puede permitirse nuestra ausencia o nuestro dormitar. No estoy hablando de neocolonizar, sino de dar lo mejor de nosotros mismos en estas altas empresas que les voy comentando. Espero que ustedes no me tomen por un iluso o lo que es peor, por un iluminado. Todo esto lo estoy escribiendo desde el ánimo de mejorar las cosas. Y las cosas no van precisamente por los caminos que eran previsibles en los felices noventa. Dejemos de una vez atrás la dichosa crisis del 2008 y encaremos el futuro con alegría y compromiso. Dejemos de una vez atrás las conductas ombliguistas y demos lo mejor de nosotros en aras de una futura humanidad liderada por su líder natural que es esta pequeña colección de penínsulas.

Y para despedir este capítulo, vuelvo a insistir en las enfermedades que asolan el continente. El igualitarismo radical, el egoísmo sin contraprestaciones, el hedonismo exacerbado, que nos están creando desánimo, envejecimiento y despoblación. Que la ilusión de una nueva aurora refresque nuestros espíritus cansados. Que nuestros cuerpos ahítos de placeres dejen llenar sus espíritus con nuevos ideales, que no son más que la reformulación de los viejos. Que nuestras defensas estén todavía a tiempo de destruir las metástasis y virus que nos amenazan. Así, las amenazas exteriores no lo serán tanto y responderemos en caso de producirse con la energía y el valor que se desplegaron en Poitiers, Viena y Lepanto. La historia no se detiene, nuevos retos aparecen en el horizonte, afrontémoslos con la convicción de que seremos los justos vencedores.

España en la Unión Europea

Nuestro país es de los que más a gusto se encuentra dentro de la Unión, el recuerdo de los ochenta y de los felices noventa con sus burbujas inmobiliarias persiste a pesar de los largos años de crisis. Pero debido a esta y a que no se acaba de salir del todo de dicha crisis, se alzan voces en contra de la Unión también. Por un lado los leninistas de Podemos proclaman la salida de este «engendro capitalista», y por otro, en los movimientos de derecha alternativa también dicen algunos que hay que abandonar una Europa de los Mercaderes que nada tiene que ver con los valores cristianos.

¿Quién tiene razón? No lo sé, lo cierto es que la gente empieza a ver la Unión como un ente lejano incapaz de solucionar los problemas más acuciantes. Entre estos se encuentra el paro, la corrupción galopante, los peligros secesionistas, el yihadismo, la despoblación, la delincuencia, etc., etc. Estas personas que he nombrado claman que la solución a estos problemas pasa por un fortalecimiento de la nación recuperando parte de la soberanía cedida a Bruselas.

Pero en España de momento la amplia mayoría está por seguir en la Unión. Somos beneficiados en el turismo y el país que más alumnos con beca Erasmus aporta. También se siguen recibiendo capitales para temas sociales y subvenciones. Por tanto el peligro para la Unión no parece proceder de nuestro país por el momento. Lo malo es que tenemos esos graves problemas que no se resuelven y lo que pueda traer el futuro se muestra imprevisible. Así en mi otro ensayo traté propuestas para resolver estos problemas pero siempre pensando en la solidaridad con nuestros vecinos. Soy de los que piensan que una Europa vigorosa pasa por unas naciones fuertes, y que en el caso de nuestro país es necesario un nuevo movimiento nacionalista que nos libre de las diferentes plagas que padecemos. Pero a la hora de afrontar los retos internacionales, debemos ir de la mano con los países culturalmente semejantes, es decir, Europa y los USA. Por ello es importante un regeneracionismo en España y en todo el continente que apueste por lo que nos une y no por lo que nos separa.

Una vez mitigados los problemas que nos acucian en España podríamos emprender empresas conjuntas con nuestros vecinos que favorezcan la cohesión. Estoy hablando de aventuras espaciales y la defensa contra el yihadismo. Hay que tener claro pues, en qué temas hay que buscar la colaboración y en qué otros debe ser la nación la que nos alivie.

Por ello estoy con los que piensan que hay que devolver soberanía a los estados en los temas económicos y simplificar el organigrama burocrático, a fin de dejar claro cuáles son los temas en que se necesita la colaboración y esta disponga de las instituciones adecuadas para hacerla efectiva. Y como en España, abogo por una reducción de la burocracia y de la potenciación de la figura del presidente de Europa para tener un liderazgo fuerte en los temas más esenciales de colaboración, es decir defensa y nueva industrialización. Dejemos a la sociedad que se desarrolle dándole libertad de acción y que nuestros gobernantes se limiten a defendernos es en resumidas cuentas lo que estoy diciendo.

Por ello cuantos menos impuestos vayan a la Unión mejor, y que solo vaya lo necesario para mantenernos libres y seguros e impulsen verdaderos desarrollos en I+D, es decir, bajar el IVA también. La Unión tiene que hacerse más flexible y saber bien para lo que está, eso sí, en las tareas encomendadas debe tener los recursos y la capacidad de acción necesarios. Con liderazgo y con sentido de misión.

España pues tiene tareas propias que abordar. Son los problemas tan graves que se hace necesaria una revolución en el modo de pensar para poder salvarlos. Solo desde un nuevo nacionalismo creo capaz al país de superar estos envites. El estado tiene muchas reformas que abordar en aras de hacer que el dinero llegue a manos de los emprendedores y soñadores. El enorme aparato burocrático en el que se superponen innumerables administraciones habrá de ser podado convenientemente como si fuese un árbol frutal. La galopante corrupción que nos aqueja deberá ser perseguida implacablemente. Tareas que corresponden por lo tanto al Estado español y que hemos de solucionar nosotros.

En cuanto a la lucha contra la yihad y los temas sobre natalidad, podrían ser estos llevados por las instancias supraeuropeas, así como lo relacionado a promocionar una carrera espacial que nos ponga a la altura de los grandes imperios, que nos están tomando demasiada ventaja.

Quiero decir con esto que han de quedar claras las funciones de cada entidad, las del estado y las del ente supraestatal. Demasiadas administraciones tenemos para que se solapen unas a otras. Eso sí, en las competencias asumidas la Unión debe poseer el poder ejecutivo necesario para llevarlas a cabo.

Llegados a este punto es importante observar una cuestión. Ante el auge de Podemos en España, y de fuerzas similares en algunos países del sur de Europa, ¿soportaría la Unión el verse dividida en un norte regulado por fuerzas nacionalistas de derechas y un sur bajo el poder de fuerzas neoleninistas? Ese nuevo muro, ¿no supondría una ruptura *de facto* aunque no *de iure* de la Unión? El asunto no es baladí. Tiene su miga, porque ya son bastantes las grietas que amenazan el edificio, y si esta hipótesis se convirtiese en realidad el desgarro sería total. Así que ojalá España siga el camino de sus socios del norte y nos dejemos de experimentos fracasados. Que triunfe en nuestro país un movimiento nacionalista es mi deseo, como ya expuse en mi otro ensayo, por el bien de España y por el bien de la Unión.

Pues los nuevos partidos de derecha alternativa no son contrarios a la UE en sí misma, sino a esta UE hiperburocratizada y que no deja su espacio al estado nación. Por lo demás todos somos hijos de la civilización cristiana y vamos en el mismo barco en cuanto a amenazas exteriores se refiere. ¿Se podría España enfrentar sola contra el movimiento que se está formando en el Sahel? Lo dudo mucho. Por ello en este tipo de asuntos debe tener claro quiénes son sus socios y aliados. Nuestros podemitas al parecer prefieren al Irán teocrático y a la Venezuela chavista neoindigenista. En fin.

Europa reaccionó tarde y mal en la crisis balcánica, y está reaccionando tarde y mal ante la amenaza yihadista. Por ello creo necesario que en asuntos exteriores y en defensa se tengan las ideas claras y que estas competencias estén en manos de un ejecutivo europeo con suficientes competencias y medios materiales a su alcance. Y que este ejecutivo esté presidido por un presidente elegido por sufragio universal. Hoy en día hay dos o tres personas con el suficiente carisma para ocupar ese puesto, como Tony Blair, Sarkozy u Orbán. Los partidos supraestatales presentarían sus candidatos y se proclamaría presidente al más votado según el método electoral que se estime conveniente. Estas elecciones creo que serían además un buen pegamento para la Unión. Imaginen una campaña electoral que trate de atraer la atención sobre tantos millones de votantes. Sería todo un espectáculo.

En fin, esperemos que España se suba al carro de la historia de una vez y contribuya desde la previa consecución de una nación fuerte a un futuro espléndido y dinámico de la UE. Me aterra el pensar que guiados por los podemitas provoquemos un cisma en Europa de carácter ideológico. Yo quiero que mi país colabore en hacer una gran Europa y no que se dedique a fastidiarla. Por eso quiero un nuevo nacionalismo para España, para ir de la mano de los nacionalismos que se están imponiendo en el continente. Y que juntos relancemos proyectos entusiasmantes, como la aventura espacial y contingencias actuales como la lucha contra el yihadismo.

En materia económica soy más partidario de que la nación se encargue de esos asuntos. En mi otro ensayo expuse las medidas a adoptar por la nación para traer la prosperidad y la abundancia. No me extenderé en ello entonces. Solo decir que España una vez salida de la crisis sería uno de las naciones con más peso en la UE y quizás podríamos proponer a algún español para presidir la UE. Y de todos modos colaborar con entusiasmo en la tarea apasionante de conseguir que este continente sea el lugar más justo, benéfico y que más aporte al conjunto de la humanidad. Aunque nuestro espíritu conquistador parezca adormecido por tanto fútbol y tanto alcohol, seguro que sigue latente dentro de nosotros.

No veo a España en ese papel si sigue empeñada en sus cuitas internas. En solucionar cuestiones decimonónicas en vez de mirar al futuro. En teoría hay la suficiente libertad para ser creyente o ateo, pero ambos bandos son beligerantes y tratan de imponerse. Por eso puse el ejemplo de un Japón moderno y tradicional a la vez. Dejémonos de peleas estériles y afrontemos con ilusión los retos que se presentan.

Y para España y para Europa estoy en contra de la inmigración descontrolada. Primero porque no hay sitio ni trabajo para tantos, y segundo porque no se pueden admitir estados islámicos dentro de Europa donde el hecho de ser hombre blanco suponga una ofensa para los cada vez más numerosos habitantes de estos guetos y quede vedada la libertad de circulación por estos lugares para los nacionales. Sigamos la línea Putin en este tema y quien quiera venir que se adapte, y que piensen en la reciprocidad a la hora de construir edificios religiosos.

En España no existen estos guetos salvo en Cataluña. En el resto de Europa son conscientes del problema. Los países del Este no quieren admitir inmigración islámica y los del centro se preguntan si no será demasiado tarde para reparar el daño. Pues el camino recorrido ha sido muy largo y mucha la sangre derramada para construir la Europa de los derechos fundamentales que conocemos. Y estos islamistas se presentan arrogantes y desafiantes dispuestos a derribar el edificio con entusiasmo y a construir una Eurabia dominada por el modo de vida islámico. En Holanda, Francia y Alemania están en camino de conseguirlo en unas pocas generaciones, pues la fertilidad de las mujeres islámicas es muy superior a la fertilidad de nuestras mujeres. Por ello hay que plantearse el reto ya y por ello surgen los partidos de derecha identitaria. Lo ideal sería la reciprocidad y que ellos pudieran vivir según quieran aquí y nosotros allí. Y construir edificios religiosos en ambos sitios. Pero los yihadistas nos han declarado la guerra y hoy por hoy hay que andarse con cuidado, y una excesiva permisividad con la inmigración sería un suicidio. Y Europa no debe suicidarse sino seguir siendo luz del mundo como siempre ha sido.

Amenazas externas

Varias son las amenazas externas que amenazan nuestra civilización, la más clara y apremiante es el fenómeno del yihadismo islámico con sus ansias de recuperar Al Andalus, y si es posible adueñarse del resto de Europa. Como sabemos todos los que hemos leído un poco de historia, cíclicamente se dan en el Norte de África fenómenos de exaltación religiosa promovidos por santones u otro tipo de personalidades de carácter religioso. Fenómenos que abogan por la purificación de las costumbres y la expansión del Islam. Y que nuestra península hispánica ha sufrido en varias ocasiones como el 711, la invasión almohade y la invasión almorávide con las consiguientes penetraciones de huestes islámicas bereberes en la península. Hoy en día, tras el fracaso de las primaveras árabes asistimos a unos nuevos movimientos de este tipo cuya expresión máxima es la yihad islámica. En varios países diversos clérigos fanatizados azuzan a las masas con el propósito de una nueva expansión del Islam y el fin último de la conquista de Al Andalus y de Europa.

Pero no nos fijemos solamente en la fuerza de las armas. En este plan las líneas de actuación son dos, cada una complementaria de la otra. En primer lugar tratan de aprovechar el vacío poblacional que se da en Europa y su envejecimiento de población, mediante el envío masivo de emigrantes a nuestras tierras. Sería la quinta columna de la planeada invasión. Los vientres de sus mujeres tienen una procreación de al menos cuatro y cinco hijos por mujer, y nos envían ingentes masas humanas a Europa sin la más mínima intención de adaptarse a nuestras costumbres y nuestro modo de vida. El objetivo último de toda esta cantidad de gente es ir islamizando los países europeos en espera de la invasión militar yihadista.

Así pues mientras los países árabes se arman cada vez más gracias a sus petrodólares, los inmigrantes islámicos tratan de implantar su cosmovisión y sus mezquitas en nuestro territorio. No tienen intención de adaptarse a los valores que rigen en donde se les da la bienvenida, y se les ofrece trabajo y comida, no. Quieren ir ampliando su influencia y su proselitismo aprovechándose del sistema de votación universal que ya les da numerosos parlamentarios y alcaldías.

Nos consideran decadentes y degenerados, no nos ven como esa luz a la que hay que seguir. Mientras el dinero, en su estrategia de luces cortas, los recibe con las manos abiertas como obra de mano barata y sin derechos que hagan los trabajos que los europeos no quieren hacer y los puestos que van dejando vacantes la implosión demográfica. Pan para hoy y hambre para mañana, diría un castizo.

Y así es, cada vez más insolentes, amparados en sus números, exigen cada vez más prebendas, como la enseñanza del Islam en las escuelas, la adaptación de los comedores escolares a sus comidas, subvenciones varias y acogerse a la seguridad social sin haber cotizado lo que el resto de españoles. Y lo que es más, algunos llevados por el nihilismo más delirante piden que nuestras procesiones no salgan, que les ofenden.

También asistimos al espectáculo de barrios donde al hombre blanco se le prohíbe entrar bajo el riesgo de palizas y agresiones. Barrios donde se implanta la Sharia como ley convivencial. Islotes islamizados dentro del conjunto de nuestra sociedad donde la ley máxima es la del clérigo de turno.

Por eso hay que combatir esta islamización de Europa desde el rejuvenecimiento poblacional. Desde una nueva política de natalidad donde el derecho a la vida del no nacido recupere su sitio. No adelantamos nada con prohibir la emigración incontrolada si vamos a dejar un desierto en herencia a nuestros descendientes. Hay que rejuvenecer el continente y repoblar las zonas vacías como mi región de Castilla y León. Y esta es la manera de luchar contra esta primera vertiente de la invasión islámica, como ya he dicho y repetido a lo largo de estas páginas. Las políticas natalistas desarrolladas e impulsadas desde las administraciones nacionales y europeas.

Y por supuesto prohibir la inmigración incontrolada y sin papeles. Esto *va de soi*, y no voy a insistir más en ello. Si queremos prevenir el aumento de delincuencia y de agresiones sexuales a mujeres, además de el renacimiento de costumbres anacrónicas esto es primordial. Así pues las regulaciones sobre este tema deberían ser lo más estrictas posibles. Y no digo más.

Volvamos ahora al tema de la yihad armada, temo de verdad a esas olas fundamentalistas que recorren el Norte de África periódicamente. Países con superpoblación podrían enviar tanto queriendo o sin querer masas fanatizadas sobre nosotros, pobremente armadas o ricamente armadas. Hoy en día cualquier yihadista posee un kalashnikov al menos. Y producirse una invasión sobre nuestro territorio español y europeo ante la cual ya están dispuestos a agachar la cerviz insignes líderes como Julio Anguita. Según este individuo, en caso de producirse una invasión yihadista del territorio español, deberíamos someternos a ella pacíficamente, y llevar a cabo una resistencia pacífica a lo Ghandi después. En fin, cosas veredes, Sancho, como decía el otro. Ni el más mínimo grado de patriotismo en esas palabras, que por increíble que parezca vienen de un profesor de Historia nada menos. ¿Dónde quedan los esfuerzos de tantas generaciones de españoles y de europeos para alcanzar la libertad? La Reconquista y la Revolución Francesa borrados de un plumazo ante una avalancha de fanáticos a los que se les da la bienvenida mansamente.

Por ello, ante esta amenaza, en España en primer lugar y en el resto de Europa en segundo, hay que tener bien claro que es necesaria una política de defensa EXIGENTE. En primer lugar España debe salir de una vez del marasmo económico y disponer de suficiente dinero para reforzar nuestras fuerzas armadas, y según mi humilde entender, la Armada en primer lugar para tener bien protegidas las costas de Andalucía. Es decir aumentar considerablemente los presupuestos de defensa. Y en segundo lugar, Europa debe decidirse de una vez a sufragar su propia defensa y dejar de depender de los americanos, con un presidente europeo comandante en jefe de un ejército europeo que tenga la suficiente capacidad de disuasión contra los hipotéticos aventureros del otro lado del mar.

Estas y no otras son las soluciones contra esta amenaza que se cierne sobre el horizonte. Recordemos que la cristiandad estuvo ya una vez a punto de sucumbir bajo la bota del infiel a las puertas de Viena. Que el peligro se alejó de nosotros gracias a la sangre derramada en Lepanto. ¿Y después de haber conquistado el mundo nos vamos a rendir mansamente ante una invasión de fanáticos armados? Por favor…

Así pues, abogo por las soluciones que expuse en mi ensayo sobre la despoblación para sacar a España de la crisis definitivamente, y así disponer de capitales para nuestro rearme. Sobre todo, el reducir o finiquitar, según se vea, el estado de las autonomías que tantos dispendios nos está costando. Dinero que se va por el sumidero y que no nos aprovecha en nada.

Y abogo por una nueva Europa consciente de su misión de no fenecer ante las mareas fanáticas que provienen allende los mares. No solo no fenecer, si no ser más ambiciosos y ser conscientes de nuestra sagrada misión de hacer un mundo mejor exportando nuestros valores, que son los valores del desarrollo material y espiritual del ser humano. Para ello volvemos al tema de las reformas en la Unión. Reformas que hagan volver al Reino Unido a nuestro seno y que consisten someramente hablando en:

En primer lugar, reforzar la figura del presidente europeo. Así la presidencia iría pasando de una figura carismática a otra de diferentes países, evitando la actual centralización de poder en Alemania, y que no se diga como hoy en día se dice que en la Unión Europea manda Merkel.

Reducir la burocracia y las subvenciones. Que se acaben tantos puestos vacuos y tanto subvencionar la no producción, lo que está produciendo una grieta de incomprensión entre el norte y el sur de Europa.

Creación de un ejército europeo cuyo comandante en jefe sea el presidente de la Unión y que esté dotado de unos presupuestos a la altura de los rusos o los americanos. Basta ya de dejar el tema tan primordial de la defensa en manos de otros. Los presupuestos de la Agencia Espacial Europea irían incluidos aquí.

Presencia de la Unión en el ámbito de la educación y los medios públicos mediante campañas que pongan en valor los ideales europeos y el sentido de misión de Europa respecto a la humanidad. Enseñanza de la historia de Europa y las diferentes etapas que ha vivido durante el proceso formacional del hombre europeo de hoy.

Como siempre… Prohibir el botellón.

Como partidario del libre mercado que soy, reducir todas las competencias de la Unión en materia económica que vayan contra los valores de la libre competencia y la meritocracia. Es decir, suprimir de la unión todo lo que huela a comunismo.

Estas son a grandes rasgos las primeras reformas a desarrollar. La Unión, al igual que la sociedad europea, debe ser un organismo sano, con las suficientes defensas internas para combatir cualquier mal que nos amenace. Y en primera instancia la amenaza yihadista, amén de la norcoreana y la emigración descontrolada desde el África subsahariana. ¿Es esto un tratado racista? Pues no. Rebato totalmente esa etiqueta, no se trata de hablar de la supremacía de una raza blanca, ni mucho menos, sino de la validez de todo un sistema de valores, de una forma de vida, que con todos sus defectos, que los hay, es lo mejor que tiene el ser humano para que el paso de los hombres por su recorrido vital sea el mejor de los posibles hoy en día. Sistema de valores, no lo olvidemos, incluido mi amigo Anguita, al que se ha llegado tras muchos esfuerzos y sufrimiento, con sus mártires y con la abnegada lucha de muchos hombres ilustres y anónimos.

Pesadilla es el pensar en una Europa en la que se llama a la oración de los Europeos desde los minaretes, el pasear por unas calles llenas de mujeres cubiertas con velos o burkas, en la que se permita la ablación del clítoris a las niñas, en la que la Sharia sea la ley suprema. No, no estamos hablando de que no paseen chinos ni negros por nuestras calles, esto va mucho más allá, lo que está en juego es la supervivencia de una civilización y siendo ambiciosos podríamos hablar del auge de una civilización, si queremos mirar más allá. Me niego pues a aceptar la etiqueta de racista, que rápidamente se tratará de imponérseme, eso no quita también hablar de futuro para la raza blanca, que puede desaparecer con la actual situación del 1,2 hijos por mujer.

Por ello el rearme ideológico es igual de importante que el rearme físico. Si quieres la paz prepárate para la guerra decían los romanos, yo iría un poco más allá y diría que si queremos la paz el organismo de nuestra sociedad debe estar sano y libre de enfermedades, cosa que al dinero, actual gestor de nuestra sociedad, parece no preocuparle en absoluto.

Puede el dinero morir de éxito y arrastrarnos a nosotros con ello? Sus éxitos a lo largo de los últimos tres siglos son innegables. Ha hecho un mundo mejor para todos, en especial los europeos y americanos del norte. Pero como dice Salomón, la soberbia viene antes de la caída, y el ensorbecido becerro de oro se ha propuesto, en su lucha contra la tradición, aniquilarla y borrar sus últimos vestigios de la faz de Europa. Y los errores están siendo de bulto, despoblación, envejecimiento, crisis económica y crisis social son las consecuencias de esas obsesiones del dinero contra la natalidad, la solidaridad y la tradición. La honradez anda de capa caída frente a esas entelequias financieras cuyas periódicas crisis amenazan con llevarnos a todos por delante. El interior de los países se despueblan y quieren solucionar su propio error abriendo las puertas de Europa a ingentes masas fanatizadas en otros ideales distintos a los nuestros. No, el dinero en su soberbia ya no puede ser el gestor de nuestros destinos pues estamos pagando todos demasiado caro su errático caminar de los últimos tiempos. La permisibilidad con la corrupción, el apatridaísmo del dinero, su lucha contra el tradicional valor del trabajo bien hecho, del esfuerzo y muchos otros valores tradicionales nos están llevando al colapso. Y encima los intelectuales de izquierda nos dicen que nos vayamos preparando a someternos a una más que probable invasión yihadista… Cosas veredes, Sancho, repito otra vez, la izquierda haciendo de mamporrero del dinero. *Sic transit glori mundi…*

Por todo ello en el norte y en el este de Europa los partidos nacionalistas avanzan cada vez más. Es la natural reacción frente a los desvaríos del dinero como las leyes LGBT, el aborto de adolescentes sin el permiso de los padres, la fuga de capitales a países donde no existen derechos salariales y de pensiones, la asfixiante sensación de corrupción… Repito una vez más, ojalá la ola que recorre Europa salte los Pirineos y llegue a nuestro país. Sería la única manera racional de salir del atolladero, evitando además cualquier veleidad comunista. Pero estos nacionalismos deben ser conscientes de que los valores que se tratan de salvar son los valores comunes que hicieron grande nuestra civilización. Y por ello hay que llegar a acuerdos entre todos y elegir por sufragio universal al presidente de la Unión Europea. Y que este tenga un real poder con los medios materiales y humanos suficientes.

Ebrio de un éxito merecido, el dinero anda lanzándonos propuestas a cada cual más temeraria. Como Alejandro Magno a sus soldados antes de que muriera o lo mataran. Los desvaríos de las entelequias financieras nos han costado al conjunto de los españoles la friolera de 77 000 millones de euros, que ni sé cuántas pesetas son. Los violadores corren a sus anchas por nuestras calles y son puestos en libertad una y otra vez, a pesar de las reincidencias, el movimiento okupa es muy guay y no importa que contravenga las tradicionales leyes de la propiedad privada, total, si en sus mansiones con videovigilancia estos no van a entrar… y las violaciones perpetradas por emigrantes y refugiados son algo así como travesuras de gentes incultas…

Por ello la situación de desamparo que sufren nuestros conciudadanos, los de a pie, es absoluta, y sumada a la impunidad por la corrupción lleva al desánimo más absoluto. Y por ello los movimientos nacionalistas están en auge frente a una Unión Europea doblegada al poder del dinero.

Señores, esto no puede seguir así. La desprotección del ciudadano de a pie, la tarifa de la luz ha subido un 33 % este mes, frente a las veleidades del dinero es terrible, y encima el dinero se niega a defendernos de las amenazas exteriores diciéndonos que debemos someternos a una posible invasión. Es hora de ese cambio que se produce en Europa y que debería producirse también en España. De una vez. La única solución que ofrece la socialdemocracia en su ocaso y su agonía a todos los problemas es subirnos cada vez más los impuestos… y claro, la ciudadanía se rebela contra ello como es natural. Después se quejarán incluso, y tacharán a los nuevos movimientos nacionalistas de fascistas o no sé qué más bobadas.

No, señores, es el instinto de supervivencia el que lleva a los ciudadanos de Europa a optar por las nuevas derechas alternativas. Son las defensas de una sociedad que se niega a perecer las que han puesto en alerta al cuerpo orgánico ante los desvaríos de sus dirigentes. Los líderes socialdemócratas, e incluyo aquí a los dirigentes peperos también, desde el lujo de sus mansiones con videovigilancia no comprenden el sufrimiento que causa un violador en serie que anda suelto, un okupa que asalta el piso de la playa de una familia de clase media, una subida de la luz del 33 % mensual, el aborto de una hija sin consultar siquiera a sus padres, la subida del petróleo, que sube siempre que está al alza el barril pero que no baja nunca cuando este mismo barril va a la baja, el cambio de sexo de un hijo que no ha dicho nada a los padres, el dolor de ver a tu tierra morirse de despoblación, el dolor de ver tu envejecido país ser chuleado por bandas de fanáticos con kalashnikov. Y así, etc., etc., etc.

En fin, dejemos ya el tema de los desvaríos del dinero y de la reacción de los ciudadanos ante estos. No sin antes recordar uno muy particular… la obsesión antinatalista de este que está dejando una Europa sin europeos. Me remito de nuevo a mi otro ensayo, pues el caso de España es particularmente grave, cientos de miles de abortos al año en un país en el que la mitad de sus escuálidos cuarenta millones de habitantes superan la treintena. Y ahora paseemos por esos desiertos campos de Castilla y pensemos adónde nos lleva tanta locura…

Por todo lo explicado abogo de nuevo por un nacionalismo español y europeo. Antes de que el esclerotizador comunismo saque tajada es necesaria esta «revolución». Revolución de los espíritus y no de andar con la guillotina a cuestas. Hay que «engrasar» nuestras almas con nuevos ideales que nos saquen de este estancamiento que dura ya demasiado tiempo.

Y dejo el tema de los enemigos externos diciendo que ya están ahí, amenazándonos y provocándonos. Pero aunque no los hubiera hay que estar preparados para lo que pueda venir. Por ello el gasto en defensa es fundamental, digan lo que digan los pacifistas del adoquín y la honda, que al final no hacen otra cosa que cocerles el caldo gordo a nuestros enemigos. Abogo una vez más, pues, por elevar los presupuestos de defensa hasta el objetivo de ser capaces de defendernos por nosotros mismos de cualquier enemigo que pudiese surgir.

Conclusiones

Y termino el libro tratando de dejar claras las principales ideas de mis dos ensayos, *Contra la despoblación* y *Europa en la encrucijada*. Lo primero, volver a decir que las políticas del dinero contra la natalidad están dejando Europa y muy particularmente España como un erial. Un erial envejecido y que va a tener problemas en sufragar las pensiones en los próximos años. Lo segundo es decir que nuestros enemigos externos son conscientes de la situación y que planean la conquista de Al Andalus y de Europa a medio plazo. Lo tercero es decir que el dinero y sus fuerzas adláteres, PP y PSOE, han renunciado a reconocer el desaguisado que han causado y lo que es peor están renunciando a defendernos. Lo cuarto, que es necesario un movimiento patriótico en España y en Europa en conjunto para tratar de remediar esta situación. Y quinto, decir que son necesarias reformas de gran calado en España y en Europa para salir de este estancamiento y que tales reformas solo pueden venir de la mano de los partidos nacionalistas.

Esto muy resumidamente es lo que he tratado de exponer y desarrollar en estas páginas.

Perdonen la torpeza de mi verbo si no lo he conseguido plenamente y a satisfacción del lector, pero he tratado de ser honesto y exponer las cosas tal y como las veo.

No nos dejemos engañar por nuestros lujosos coches de alta gama y por las sutilezas de los nuevos cocineros, las enfermedades y las amenazas están ahí, prestas a devorarnos y conscientes de nuestras debilidades. Yo he tratado de exponerlas sin enrollarme demasiado, para que me entienda el mayor número posible de gente. Espero no haberme quedado corto.

Acabo de dar un paseo por los caminos de mi terruño envejecido y desolado. He visto a tres personas solamente y las tres tenían más de ochenta años. Ya sé que es un caso extremo de a dónde nos pueden llevar los últimos desvaríos de nuestra dirigencia, pero los datos en toda Europa están ahí, peligrosos y avisantes.

Y nuestra izquierda ha devenido en mamporrera del dinero, y ya no se puede esperar más de ella que nos suban los impuestos una y otra vez. Como he explicado. Hartos de langostinos se han unido a la lucha contra los últimos vestigios de tradición sin reparar en las consecuencias. A las mariscadas, a las mariscadas, reza ahora la canción, mientras la tradicional honradez de la gente de izquierda verdaderamente comprometida se va al carajo junto con los últimos ideales de altruismo cristianos.

El egoísmo de un Moloch Baal borracho de éxito se traga a sus propios hijos pequeños, echándolos a la hoguera que sale de sus fauces. El genocidio de millones de nonatos está pasando la factura ya. Reaccionemos antes de que sea demasiado tarde… y elevemos a cifras razonables el número de hijos nacidos por mujer europea también.

Esa es la principal arma que tenemos, más poderosa que las armas nucleares, para utilizar contra las mareas fanatizadas que nos están invadiendo ya y que no dudarán en invadirnos de hecho en un tiempo no muy lejano si da en persistir la actual situación.

El norte y el este de Europa, y Rusia y los USA también ya están reaccionando, no nos quedemos aislados y retrasados una vez más. El nacionalismo español ha de resurgir y lograr una mayoría absoluta en el parlamento español. Es la única solución para combatir los últimos desaguisados del dinero y de nuestra izquierda mamporrera.

Pues junto con nuestros niños nonatos se están yendo por el desagüe los últimos vestigios de honradez y altruismo que teníamos. Cementos fundamentales de la argamasa que debe unir a nuestra sociedad contra nuestros enemigos.

Basta de corrupción galopante, basta de egoísmos insolidarios. Las energías no pueden costar a nuestros empresarios y a nuestros ciudadanos la enormidad que cuestan hoy en día. Este es un asunto prioritario también para salir de la crisis.

Y gestionemos bien los dineros públicos. Ya basta también de subir los impuestos a una sociedad esquilmada. Los capitales deben volver a las fuerzas creativas y a los soñadores a fin de que hagan nuestra vida mejor. Que los últimos residuos de la capacidad y el mérito, el trabajo bien hecho y la excelencia, no se los lleve también por el desagüe la izquierda langostinera.

Y que nuestro instinto de supervivencia como sociedad no caduque, y sepa reaccionar frente a los negros nubarrones que acechan en el horizonte. Ya está reaccionando en los lugares citados arriba, ojalá que en España también y lo más pronto posible. Las cuatro R deben estar presentes en nuestras vidas. Repoblación, Reproducción, Rearme Moral y Rearme Físico.

El Rearme Moral debe ser promovido desde el estado, mediante la educación y la propaganda, pero todos tenemos que ser conscientes de los problemas que tenemos como sociedad y no negarlos. Si no, no hay nada que hacer.

Y reconocer y darnos cuenta de la borrachera que lleva encima Moloch Baal. Con sus últimas propuestas antihumanas y antisocietarias. Llenándonos las calles de delincuentes reincidentes que no tienen la más mínima intención de regenerarse. Tratando de que la célula de la sociedad, la familia, no tenga un momento de tregua y descanso. Llevando hasta el extremo sus más peligrosas intenciones.

Europa, un continente que ha sorteado las más graves crisis y peligros, debe aspirar a lo mejor, a lo máximo. Tenemos que volver a ser punteros en todas las carreras, empezando por la carrera espacial. Tenemos que lograr que los valores que nos conforman, los griegos, los romanos, los cristianos y los de la Revolución Francesa, sigan proporcionándonos hombres competitivos, ansiosos de ser los mejores. Que estos hombres no sean asfixiados por el óxido del igualitarismo radical. Que Hércules mate todos los monstruos posibles que quieran convertirnos en seres ahumanos y esclavos.

Esos hombres ansiosos de ser los mejores son los llamados a defendernos de las amenazas exteriores, además. Procurándonos nuestras armas y procurándonos una sociedad sana con ganas de defenderse. Por ello clamo por una Europa regida de una vez por líderes carismáticos elegidos por sufragio universal. Es muy importante esto aunque no lo parezca. Serían ejemplos a seguir por nuestros jóvenes desde que empiezan sus estudios. Qué quieren que les diga, echo de menos un Trump en Europa, un Kennedy... mientras nuestros Blair, Sarkozy u Orbán están aparcados, en el salón de los jarrones chinos viejos, como diría Felipe González, el último líder carismático en España, aunque demasiado lacayo de Moloch Baal para mi gusto.

Y la principal preocupación de estos hombres no debe ser cómo ampliar los supuestos de la próxima ley abortiva, sino defendernos de nuestros enemigos. Tal y como se presentan los tiempos esto es crucial. Y competir con los USA y Rusia en la carrera espacial. Por ello, vuelvo a repetir, deben tener los suficientes presupuestos y por ello debe desburocratizarse la Unión Europea para que los tengan.

Esto no es un alegato *nietzscheano*, pues en Nietzsche Baco vence a Jesucristo y eso es justo lo que está pasando hoy en día. No, no estoy clamando por el superhombre, simplemente clamo por la vuelta del hombre europeo, en peligro de extinción. La sublimación de los sentidos nos está llevando al estancamiento y a la molicie, y hay que darle espacio a Jesucristo y que sus seguidores seamos la sal del mundo. Por eso mi plan para la salvación de África, quizás demasiado ilusorio para algunos pero que yo creo realizable. Y vuelvo a repetir, visto desde un punto egoísta, un plan práctico, o pragmático, pues nos ahorraría recibir ingentes masas humanas que no estamos en condiciones de acoger.

Pero todo esto prefiero mirarlo desde un punto de vista altruista, y que sean nuestros más altos ideales de solidaridad y altruismo los que nos lleven a realizar esta magna obra. Imaginen un África sin los problemas de hambrunas y epidemias en la que el hombre blanco y el negro luchen juntos en aras de estos fines superiores. No sería el paraíso pues está también el problema de las guerras, difíciles de erradicar, pero al menos sería un lugar en el que el valor de la vida humana no fuera cero.

Ya estoy terminando el rollo este que les estoy soltando, espero no haberles aburrido demasiado y que al menos me haya explicado bien en mis proposiciones más importantes. Espero no crearme demasiados enemigos tampoco, pues he escrito todo esto con la sana intención de ayudar. En el bar no había hoy ninguna partida de cartas… poco a poco se nos van yendo las cosas que hacen agradable la vida. Por ello es el momento de reaccionar.

La Europa que conocemos está aletargada, y este es el «gigante» que debe despertar. Por el bien del mundo y por el bien nuestro. El espíritu de aventura debe regresar al corazón de los más jóvenes. En el siglo XIX el mundo había sido conquistado y en el XX nos miramos el ombligo. Basta de botellón. Basta de adorar a Baco y a Moloch Baal. Que recupere su lugar Jesucristo y una nueva cristianización de Europa nos haga mejores. Y a ver si al dinero se le pasa la borrachera, y por qué no decirlo el colocón, y recupera su sitio sin tener que aniquilar a otros… que bien pocos quedamos ya… Hay mucho por hacer. El ciudadano de a pie se siente desprotegido ante gentes de baja ralea. Vuelvan la cordura y la racionalidad perdida. Estoy investigando sobre nuevos cultivos en la zona como ya les comenté. Pero la gente me aconseja que lo deje, que me acabarán robando la producción. ¿Creen ustedes que esto es racional? ¿Dejar de invertir en cosas que podrían traer progreso y desarrollo a la zona, por culpa del miedo a los amigos de lo ajeno? ¿Por qué tanto delincuente que entra por una puerta y sale por otra? ¿Por qué tanta persecución al ciudadano medio?

Ya ven que son muchos los campos en los que hay que reaccionar, pero es fundamental reaccionar también en el tema de la corrupción. Porque el desánimo del ciudadano es palpable y porque se van ingentes cantidades de dinero al sumidero y que podrían ser aprovechadas en los proyectos planteados. Rejuvenecimiento, regeneración y renovación. Otras tres R para tener en cuenta. Nuevos Colones que surquen el espacio, Nuevos Grandes Capitanes que nos defiendan, nuevos Einsteins que traigan más progreso.

Yo les dejo por fin y regreso a mis quehaceres cotidianos. ¿Podré plantar mis árboles algún día? Espero que sí. Próximamente bajaré a Sevilla, pronto será Semana Santa. No saquemos los pasos, no vaya a ser que ofendamos a los radicales islámicos. Eso nos dicen nuestros amigos los podemitas. En fin, si no tienen nada mejor que ofrecernos mejor que lo vayan dejando. Imagínense ustedes una feria de Abril en Sevilla en la que las sevillanas tengan que llevar chador o burka. En nombre de la belleza, jamás.

La historia no se detiene, léanla y saquen sus lecciones. Yo de Toynbee aprendí que las civilizaciones tienen factores de descomposición internos y enemigos externos. Yo he tratado de exponérselos aquí, según mi modesto y leal saber y entender. Dejen de escuchar demagogias y lean a los sabios. Y saquen conclusiones, aprendan las lecciones que nos da la historia, corrijamos los errores ya cometidos y hagamos que nuestra gloriosa civilización perdure.

Vuelvo a repetir que no se trata de volver a un neopuritanismo, se trata de recuperar valores a punto de perderse y se trata de corregir algunos excesos. Porque la vida es bonita en este rincón del mundo, no la estropeemos ni dejemos que otros nos la estropeen.

Y me voy, a ver si encuentro gente en el bar para jugar un tute. Y pasar un rato despreocupado y dejando de pensar en estas historias. Mañana volveré a mirar los cultivos y a pensar en mis plantaciones. Me gustaría poner una hectárea al menos de trufa negra, así que cómprenme este libro aunque solo sea por sufragar mis labores de investigación, je, je. Bromas aparte, qué bonito sería tener dos o tres perros adiestrados en encontrar las trufas, y que éstas no me las robaran los amigos de lo ajeno que tanta compasión despiertan en las Colau, Carmenas y compañía, y en nuestros amigos peperos…

Así que, como tengo que comprobar si las tierras son ácidas o calcáreas, si hay que cercar o no, si planto yo o lo encargo, les dejo de torturar con mis neuras y les deseo que pasen un feliz año 2018. Lean historia de la buena, Toynbee, Spengler o historia de España y de Europa y dejen a los Anguitas y Pablo Iglesias y sus demagogias aparcados en el baúl de los recuerdos. Sean buenos y piensen que este rincón del mundo llamado Europa ha pasado en solo un siglo de dominar el mundo a verse jugando a la defensiva. Y por despedirme utilizando una metáfora futbolera, ojalá vuelvan a nosotros los entrenadores que sepan jugar al ataque.